开家有人气的饮品店

漂亮家居编辑部 著

创业心法 × 空间设计 × 品牌运营，
打造你的人气名店！

辽宁科学技术出版社
·沈阳·

目 录 CONTENTS

005　第1章　饮品店的经营趋势

006　逆境突围，替运营困难的奶制品业找到新出路——林建炉

012　用颜值产品，成功与各地消费者交心——邱茂庭

018　企业传承与时俱进，品牌新局淬炼而生——刘彦邦

025　第2章　饮品店经营战斗力学

026　品牌力——找到市场定位，说自己的故事

032　商品力——建立明星商品，创造市场差异

038　运营力——短中长期各自的经营方针

044　设计力——给人留下品牌印象的好设计

050　店铺力——用话题与亮点激起想来的渴望

060　活动力——虚实整合营销，让销售持续滚动

064　服务力——满意与感动促成想买的关键

069　第3章　22家饮品店品牌开店经营术

070　店铺式饮品店

　　070　◎启动关注期

070　语果

076　四口木

082　阿莲茶

　　088　◎发展扩充期

088　幸福堂

094　珍煮丹

100　花甜果室

108　兔子兔子茶饮专卖店

116　十杯极致手作茶饮

122　春芳号

128　日日装茶

134　康青龙人文茶饮

140　Mr. Wish 鲜果茶玩家

148　布莱恩红茶

154　水巷茶弄

162　圆石禅饮

170　◎成熟优化期

170　鹿角巷

176　Chatime 日出茶太

184　茶汤会

192　迷客夏

198　复合式饮品店

198　春水堂

206　翰林茶馆

213　第4章　　饮品店开店计划

214　开店计划

215　人事管理

216　资金结构

217　损益评估

218　物料仓管

219　店铺选址

220　设计规划

220　装潢施工

221　教育训练

222　广告营销

中国台湾饮品业发达。目前除了越来越多中国台湾饮品店品牌受各地欢迎之外，也观察到各地饮品店品牌因此催生而出，用创新观念替饮品带来不同的体验。为探讨饮品店经营的趋势，本章三篇文章介绍中国台湾的饮品店品牌，看他们如何布局开店，让品牌进入当地不仅造成话题，甚至刮起旋风。

第 1 章

饮品店的
经营趋势

//

逆境突围，替运营困难的奶制品业找到新出路——林建烨

用颜值产品，成功与各地消费者交心——邱茂庭

企业传承与时俱进，品牌新局淬炼而生——刘彦邦

逆境突围，替运营困难的奶制品业找到新出路
——林建烨

文／余佩桦　摄影／王士豪　资料提供／迷客夏

迷客夏创办人兼董事长林建烨。摄影＿王士豪

人物简介

现职 / 迷客夏创办人兼董事长
出生年份 / 1973 年
出生地 / 中国台湾，台南
经历 / 2004 年成立第一家鲜奶门店绿光牧场
　　　　 2007 年成立迷客夏国际有限公司
　　　　 2012 年成立迷客夏品牌创研中心
　　　　 2013 年开放迷客夏加盟连锁
　　　　 2017 年创立"果然式"品牌
　　　　 2018 年创立"Milksha"品牌

当面对所经营的产业没落且又有补不完的钱坑时，作为牧场二代的迷客夏创办人兼董事长林建烨没有选择退缩，而是另辟新路来奋力一搏，以香浓鲜奶为基底成立主题饮品店，并以其取代奶精的口感创造独特性，成功取悦消费者，不仅在竞争激烈的环境中突围，而且跨足到海外市场。

迷客夏创办人兼董事长林建烨的父亲，在林建烨年少时期便投入奶制品业，因父亲受伤，由林建烨与家人接下农场工作。当初，除了想带领牧场走出经营困境之外，也希望解决牛奶销售不完的问题，因缘际会下，他顶下了一家饮品店并改名为绿光牧场，经营牧场的同时也摸索着饮品店的一切。

在当时，传统饮品店的奶茶仍添加奶精，为找到市场定位，林建烨尝试从物料开始升级，并加入一些以鲜奶制成的饮品系列在市场中"试水"，中间房东一度收回房子，他只好被迫结束营业。此外，其间他也曾跑去开餐厅，但实际尝试后发现饮品店的门槛较低，于是选择重回饮品店市场，在 2007 年开设第一家迷客夏。

从一个很不一样的念头，
到共同扭转品牌的心

自店铺在 2007 年成立以来，在物料的使用上严格把关，既不使用奶精，又不使用添加色素和防腐剂的珍珠，而后还推出改以鲜奶制成的鲜奶茶，虽然很具健康理念，但是在当时传统茶饮盛行的年代，要突围真的不太容易。

然而，这一切的转变得回溯到 2008 年左右，现任的迷客夏总经理黄士玮，当时他看好饮料连锁业的发展，在亲自喝过迷客夏的产品后决定加盟，林建烨说："他从投资的第一间店就赚钱，对市场也有独到的眼光与想法，最后便邀请他加入创业团队。"而后两人合资开店，开启一连串计划性、目标性的发展与布局。有别于先前加盟制度的未明确，到了 2013 年，开始开放加盟连锁，在这之后便看到迷客夏有计划性地在各地进驻，并让品牌力量扩散。

迷客夏开店速度不算快，直到 2017 年才正式走出当地市场。其实，在此之前，就曾有其他外地的企业特别前来向林建烨请教乳牛饲养、鲜奶口感等问题。当时的他就有在思考，既然自己过去的坚持已获得认同，那么未来是否有机会进入外地市场，除了饮品、品牌的推广之外，还能将饲养乳牛的知识、加工技术诉诸其他地方。

此为迷客夏麻豆店门店。摄影＿王士豪

此为迷客夏麻豆店，将店面退至室内，为周边居民及行人提供更好的环境。摄影＿王士豪

不敢贸然而行，
直到物料供给问题解决，才敢跨出那一步

林建烨明白打入中国大陆市场，便是要将迷客夏当地的风味传递出去，纵然有中国大陆代理商主动邀约，他都认为不该贸然而行，其中的原因跟背后物料的提供有很大的关系。

林建烨谈道："对要求以鲜奶为主题饮品的迷客夏而言，光是对鲜奶这种物料就思考了很长一段时间。"因为，过去为了能取得好的鲜奶，坚决以好质量的牧草饲养奶牛，以标准杀菌流程保留鲜奶的营养成分，如此相辅相成的坚持，才能呈现出林建烨所认可的鲜奶口感。直到当时在中国大陆找到风味接近的当地奶制品，才会分别于 2017 年、2018 年在宁波、上海等地设点。接下来将慢慢开店，到一定规模后，则想将饲养知识做推广，甚至与当地进行合作，让鲜奶质量更符合标准。

在 LOGO 设计时将乳牛意象放入，更加呼应品牌以奶制品为主打跨入饮品市场的特性。摄影＿王士豪

自品牌成立以来，便坚持不使用奶精，就连珍珠也只用不添加色素、防腐剂的透明珍珠。摄影＿王士豪

除了牛乳，其他物料的顺利配送也是思考重点，像是透明珍珠，就曾经在运送中出现变质，前后花了 2 年的时间，在配方、制作工艺、冷冻储存、跨海运输，甚至最后到店的配送等方面进行调整，才让整个模式建立起来，降低了再次出现变质的概率，并有效避免了成本上的花费。

林建烨补充，布局进展慢还有另一项原因，那就是设备的全自动化程度有待提升，如何通过自动化生产减少人为变量，还需要更成熟的研发，这样向各地发展才能发挥得更游刃有余。

一步步站稳其他市场

"会选择在 2017 年投入其他地区的经营，是因为当时开店数、品牌力已具有一定规模。"林建烨谈道。黄士玮也认为："走入其他地区市场，背后需要一个很坚强的总部，物料、技术辅助等都要能跟得上运营，当时决定走出去也都是考虑到各部门的建置已相当完善，才开始布局。"

不过，在实际行动时却又遇上最棘手的商标注册问题，因各地区的商标注册法不同，有些商标早被抢先注册，便有无法再注册使用的问题。以中国大陆市场为例，就改用"果然式"品牌名进入。当然，商标无法一致，仍会担心品牌混淆，不过后来通过其他的辅助 LOGO（奶牛图案）、文字（milk shop）加强品牌意象，降低了混淆的可能性。

在服务、产品制作上，迷客夏很坚持必须照着标准作业程序（SOP）走，对于其他地区的店铺的人员会以多种方式进行培训，为的就是确保无论哪个地区的店铺，饮品质量、服务都无差别。

虽然中国台湾之外的市场庞大，但大多通过代理来进行合作，因此会慎选代理商。目前在全国各地都已陆续开店，接下来还会在加拿大等国家设店，不求快，选择先站稳脚跟，再迈开步伐触及更多地区。

用颜值产品，成功与各地消费者交心

——邱茂庭

文／余佩桦　摄影／江建勋　图片及资料提供／鹿角巷

鹿角巷创始人兼首席执行官。摄影__江建勋

人物简介

现职 / 鹿角巷创始人兼首席执行官

出生年份 /1980 年

出生地 / 中国台湾，桃园

经历 /2012 年成立有乐创意有限公司，担任负责人兼创意总监

2012 年担任大叶大学兼职讲师

2012 年担任彰化科技大学兼职讲师

2013 年创立鹿角巷

2015 年 4 月进军中国台湾中部

2015 年 5 月进军中国台湾南部

2016 年 5 月 7 日首家加拿大店开业

最初只是想从事副业而进入饮品界的鹿角巷创始人兼首席执行官邱茂庭，自 2013 年成立品牌后，便大胆决定走向各地市场，全球目前店面数已达到 200 间。尽管每个国家的消费形式与文化均不同，但鹿角巷能做到每推出一款新品，皆能在当地引起一阵风潮。

此为日本三轩茶屋分店。
图片提供＿鹿角巷

要能在百家争鸣的饮品市场中突出重围，并不容易。若问起是否听过鹿角巷这个饮品品牌？可能没听过的比听过的还多。它虽然在中国台湾知名度并不高，却成功在各地掀起一阵旋风。

背后推手是出身桃园的邱茂庭，从设计相关专业毕业后，先是成立了设计公司，同时也在大学担任讲师，刚好 2013 年左右中国台湾掀起一股创业热潮，那时很爱喝奶茶、饮料的他试想，"何不来试试？真的不行就再做回本行就好。"于是邱茂庭便一头进入了饮品的世界。

为了提升品牌的知名度，鹿角巷积极与不同的品牌及活动合作，在 2018 年成为亚太影展指定饮品。
图片提供＿鹿角巷

从设计角度切入，
做出产品差异化

于是，邱茂庭在 2013 年创立了鹿角巷，不过，最初设定的名字为"斜角巷"，后来修正为鹿角巷。

行行有本难念的经，创立头一年，便发觉原来做饮品并非想象中那么简单，绝对不是丢入茶叶、泡个热水就完了的事，"你还必须控制温度，留心茶水比例……"刚好身旁有朋友在经营饮品店，便主动向他请教学习，从那之后才开始对饮品业有了比较清晰的轮廓与概念。

在有了概念后，邱茂庭知道不能盲目而行，开始观察市场并做调整，他明白要在百家争鸣的市场中做出差异才有机会胜出。于是他发挥所长，以设计角度切入，例如品牌名称刚好有鹿，在 LOGO 设计上便加入了鹿头图案，借助独特符号唤起顾客的好奇心，进而想走进店内。当绝大多数的饮品店都使用细长杯的时候，邱茂庭选择逆向操作，改以小而矮胖的小圆杯作为包装，用设计加深消费者对品牌的记忆。

打破既有的思维，
销售问题才迎刃而解

"但，饮品就只是这样了吗？"邱茂庭会这样思考，主因在于他还想把饮品店的格局做大，不过当时多数人仍认为饮品价格应该低廉，这样的经营策略模式无法支撑邱茂庭想要做的事，更无法壮大品牌。于是他开始萌生往海外发展的想法，正巧，2016 年在加拿大有个进驻的机会，便大胆尝试，在加拿大成立第一间店。

随着首间加拿大店的成立，邱茂庭开始落实想要做的事。一方面是在空间上，店内融入明确的工业风格元素，同时将鹿头 LOGO 以大图输出，成为环境里重要的视觉语汇；另一方面是输出会使价格提升，正常在中国 1 杯奶茶 9 ~ 12 元，在当时，加拿大 1 杯奶茶的价格可定在 5 加元（25 ～ 28 元），光价格策略已成功拉升不少品牌价值。

不过，首度出击成效却不明显，直到他摒弃先前的经营思维，销售上的问题才获得改善。在其他地方，必须考虑到当地人愿意花时间前来购买饮品的消费习惯，如果大老远跑来店里买，却没有引起想消费的欲望，甚至是记忆点，那自然不会有想上门的需求。于是邱茂庭在空间里放了棵树，加了椅子，让店铺宛如生活空间一般，自然会引起一探究竟的心，走入店里也会想多待一会儿。这种改变发挥奏效，从最初 1 天只卖 20 ～ 30 杯，到后来 1 天可卖 200 ～ 300 杯，甚至现在 1 天可卖 500 ～ 600 杯。

打造颜值产品，与不同产业结合，让产品说更有力量的话

面对各地市场，绝不是只要放下过去的思维，一切就能迎刃而解，更要思考如何抓住每个地区消费者的心。

接着邱茂庭又开始思考，既然设计已让空间做出差异，同时又能创造消费者记忆点，何不再试试让设计延伸至产品？于是他与团队开始从饮品的色彩下功夫，像是北极光系列，便是调出多种颜色的饮品，通过鲜明的色彩抓住消费者的目光。也因为如此，所贩卖的饮品外观具有一定程度的颜值，尽管各地的消费形式与文化均不同，但每回推出新品，都能掀起风潮并带来话题，就连艺人林心如、日本偶像团体 AKB48 都曾在店里拍照，并上传至网络社交平台为品牌宣传。

除了设计角度，为了让产品有更有力量的发言权，鹿角巷也多方尝试与不同的产业合作，提高品牌能见度，让触角伸得更广。像 2018 年就与运动品牌 PUMA 合作制作指定饮品，同年也与第 58 届亚太影展合作，制作相关指定饮品。另外，面对广大市场，鹿角巷也充分运用了营销的套路，例如请艺人作为"一日店长"，成功地吸引消费者。

构思产品很重视颜值的鹿角巷，让饮品不只喝起来可口，外观也很独特，此为"雪莓鹿鹿"。图片提供_鹿角巷

主动出击阻山寨之扰，
持续向各地发展

自 2016 年开设首间加拿大店后，2017 年陆续在日本、越南等国家开店，2018 年分别在法国、澳大利亚、韩国、美国、泰国、新西兰等国家开店，目前店铺数已达到 200 间。

会如此快速设点并非想快速扩张，而是山寨店逼得邱茂庭只好以"真店"名义应战。在各地虽以合作为主，但为了杜绝假店，他制定了只直营不加盟的策略，好让消费者能清楚分辨真假。当然为阻山寨之扰，在近年相关商标注册也已完成。

邱茂庭说，目前有许多海外开店计划已敲定，例如在菲律宾、新加坡等地都将陆续开设。除此之外，也预计在日本再开店 12 ～ 13 家，让鹿角巷的品牌能渗透得更广、更深。

企业传承与时俱进，品牌新局淬炼而生

——刘彦邦

茶汤会总经理刘彦邦。摄影＿王士豪

文／李奕霆　摄影／王士豪　图片及资料提供／茶汤会

人物简介

现职 / 茶汤会总经理

出生年份 / 1979 年

出生地 / 中国台湾，云林

经历 / 2016 年 接掌茶汤会总经理，从春水堂基层开始磨炼，担任调茶师、店长，以及展店、运营、营销部门主管与副总经理等职

2016 年 在中国香港成立首家门店

2017 年 在中国上海成立首家直营门店

2018 年 成立新加坡樟宜机场门店、美国加州门店、日本东京门店、越南门店

深究中国台湾餐饮龙头春水堂旗下品牌茶汤会的全球布局，不同于新兴饮品业者多采用快速、铺天盖地的开店策略，而是秉持稳扎稳打的脚步，有计划地巩固既有开发市场，进而延伸本地其他城市，缔造规模经济。身为春水堂二代的茶汤会总经理的刘彦邦，尝试借助家族企业风华，以专业力、管理力、商品力及研发力，开创永恒流传的品牌之路。

顶着中国台湾知名品牌春水堂二代的光环，茶汤会总经理刘彦邦并不因此轻松懈怠，反而挽起衣袖从春水堂基层做起，历经调茶师、店长，以及展店、运营、营销部门主管与副总经理等职的磨炼，2016 年正式接掌茶汤会。延续春水堂注重东方人文饮茶思维的精神，刘彦邦以建立百年茶事业为思考基础，期盼借助扮演文化推广者的角色，重新检视品牌核心与发展策略。

2016 年，继中国香港门店开业后，便陆续在各地开店。图片提供＿茶汤会

坚守品牌使命，
历经 10 年磨剑，蓄势待发

近来，不少中国台湾饮品品牌纷纷跨出本地，当然茶汤会也不例外。2016 年继首家中国香港门店开业后，2017 年起陆续插旗国内多地，后迈入新加坡、美国、日本、越南等国家。然而，就春水堂创办人刘汉在 2005 年成立茶汤会而言，历经超过 10 年的酝酿才将据点扩及多地，似乎晚了一些。对此，刘彦邦解释，茶汤会身兼推广饮茶之风、发扬其文化底蕴的重要使命，"我们特别重视品牌必须要在扎稳脚跟之后，才会往下一阶段前进。"2016 年中国台湾市场的发展已然成熟，且恰好出现适宜的合作伙伴，遂选择于此刻将事业版图逐步向外推展，足见其谨慎的态度与择善的固执。

另外，刘彦邦坦言，拓点的过程势必得应对不同地方的法规，例如食品检验、商标注册、营业执照申请等皆有明确规范，或多或少会造成前置准备期较长。像是茶汤会为了掌控好产品品质，要求所有门店使用的物料都必须源自中国台湾，便衍生出例如由各地不同的货运条件、食品安全标准等导致的亟待克服的难题。

瞄准华人市场，
拓展口碑版图开枝散叶

除中国外，细探茶汤会的全球门店分布，分别为新加坡 2 家、日本 2 家、越南 3 家、美国 1 家。开店策略是锁定饮茶风气较盛的区域作为先锋。

即便是 2018 年揭幕的美国加州门店，仍旧依循所谓华人市场的开发思维，门店位于华裔居民人数较多的小区。刘彦邦认为，此举基于吸引大批想一解其乡愁的海外华人，不仅能守住市场基本盘，经长时间发酵后，甚至可在不同群体间建立好口碑。

越南门店为满足当地消费者的休憩需求，增设客席。图片提供＿茶汤会

洞悉消费趋势，
因地制宜满足需求

除此之外，为降低进入各地市场的门槛，茶汤会特别在 7～8 成的饮品中添加了珍珠配料。刘彦邦说，毕竟珍珠奶茶已深植全球消费者的心中，含珍珠类饮品会备受欢迎。至于包装方面则强化其设计感，品牌英文名 TP TEA 呈现崭新的视觉效果，打造时髦的形象。其中 P 代表 Professional（专业的），揭示累积 10 多年的专业调茶文化无可取代。

饮品口味会依据各地不同消费偏好做糖度微调，以地处热带的越南为例，其饮品的甜度就有略为增加。另外，针对各地门店保留 2～3 成的饮品作为当地开发品项，例如在新加坡樟宜机场门店便设计出结合炼乳及椰奶的相关饮品，日本门店则有冰淇淋限定产品，大展因地制宜的创意巧思。

部分商品的包装设计改以品牌英文名 TP TEA 作为主视觉呈现，令人眼前一亮。图片提供_茶汤会

日本门店所推出的冰淇淋限定产品。图片提供_茶汤会

美国加州门店增设堂食区。图片提供__茶汤会

而这样的细腻思路造就了各地多样化的风格店铺设计。如中国台湾的门店皆采用无座位的街边店形式，但在美国加州门店考虑到地大，许多顾客习惯开车前往，因此增设堂食区，形同驿站让人小歇；越南门店顾及当地人喜爱于室内聚会、坐下聊天，亦增设了堂食区；日本东京门店则因消费者较无边走边喝的习惯，遂仅设置简易吧台，并另辟拍照打卡墙，显示以服务为本、体察顾客需求的经营核心。

在这个信息透明、商机无限的年代，许多人都希望能开家店，其中又以饮品业投资金额相对低，且连锁品牌体系能提供完整辅导培训，开间饮品店成了不少年轻人创业的首选。但是，在这个消费者喜新厌旧、市场竞争激烈的时代，仍有不少品牌走入被淘汰的命运，该如何让品牌从单店走向连锁，且走得长远又精彩？观察目前中国台湾饮品店品牌的发展，已明显划分出启动关注期、发展扩充期、成熟优化期 3 个发展阶段。在启动关注期仅成立单店，测试市场水温，也借由创意、创新取得市场与消费者的青睐。发展扩充期指品牌开始从直营走向加盟扩充数量的阶段，此时分店数在 100 家上下，在经营上要求快速且有效地发挥品牌效益。成熟优化期指品牌国内外皆有布局，分店数超过 200 家，后续发展着重品牌优化。然而，开一间店，做一门好生意，必须从经营的各个方面进行检视与规划，才能应对市场的竞争激烈。

饮品店经营战斗力学，包含品牌力、商品力、运营力、设计力、店铺力、活动力、服务力。本章从饮品店发展阶段、饮品店经营战斗力学来做说明。从各个阶段到所对应方面做深入探讨，引导创业者系统、有策略地思考开店过程中该注意的事项与环节，使其从一家店到开设其他分店，甚至到发展副品牌。

第 2 章

饮品店
经营战斗力学

///

品牌力——找到市场定位，说自己的故事

商品力——建立明星商品，创造市场差异

运营力——短中长期各自的经营方针

设计力——给人留下品牌印象的好设计

店铺力——用话题与亮点激起想来的渴望

活动力——虚实整合营销，让销售持续滚动

服务力——满意与感动促成想买的关键

品牌力

找到市场定位，说自己的故事

开店创业，并非找店、做生意这么直线式的思考，单店经营如同品牌经营一般，同样必须去思考品牌的建构，必须从最初的树立定位、品牌命名，到最后的留下记忆，逐步思考探究，才能够在这个碎片化的时代中异军突起，并让消费者紧紧跟随。

要点 1

树立定位

替品牌找到
市场位置

1. 启动关注期 / 找出差异点，才能与众不同

品牌代表消费者心中的价值，在成立一家店之前，必须树立自己的品牌定位，如此一来，当提及商品或价值时消费者才能联想到品牌，或能让品牌在他们心中占有一席之地。名象品牌形象策略股份有限公司业务经理容韬钧指出："定位即在帮助品牌找到属于自己的市场位置，投入前先问问自己品牌如何与众不同，价值与优势在哪？才能挖出与别人不同的内涵。"

在成立一间店之前，必须树立自己的品牌定位，才能找到对的市场位置。元品设计
试图从品牌名称重新赋予意义，以茶的DNA密码定义6989手作饮品，让整体多了
点想象与质感。图片提供＿元品设计

2. 发展扩充期／**依据定位来扩展各个层面**

品牌发展是阶段性的，初期品牌有了明确定位后，便依据定
位做延伸与扩展，后续的差异化才能持续发酵。名象品牌形
象策略股份有限公司业务总监庄嘉琪谈道，迷客夏创办人林
建烨有奶制品的版图，当他横跨饮品业时，便以牧场直送作
为经营定位，清楚区分市场定位以及所需产品线（鲜奶饮品
系列），接着再以牧场直送作为核心，延伸出自然、纯粹的
品牌形象，后续产品项目的延伸、产品的研发，也都以该定
位作为主轴，在扩充发展之余，不会偏离核心定位，这种经
营模式最不容易被复制。

3. 成熟优化期 / 随时检视，不忘最初的定位

品牌发展走向成熟期，随海内外布局策略，拉大也拉长了市场的战线，此时更要稳固好品牌的定位，才不会在竞争市场中迷失。名象品牌形象策略股份有限公司资深创意总监黎正怡指出："最初的定位核心，正是品牌与竞争品牌产生差异的关键，得随时检视、提醒与维持，后续的发展才会更有价值。"以设计角度切入市场的鹿角巷，尽管每个地区的消费形式与文化均不同，但总能做到每回推出新品皆能在市场上掀起话题，创始人邱茂庭也认为，唯有回到最初的经营定位，才能持续用设计差异带来创新，才能不迷失自己。

要点 2

品牌命名

为品牌取个好名字

1. 启动关注期 / 名字背后隐含的故事与态度

在品牌经营中，命名是项重要的决策，新品牌如雨后春笋般成立，创造出独特又具有意义的品牌名称，得细细思考。庄嘉琪、容韬钧认为，品牌的命名最好从定位开始思考，较能不脱离核心，也有连贯性，另外也建议能在取名字的同时，加入故事性，替品牌增添内容与温度。不过元品设计品牌总监简龙祥提出了一个命名观点："现今有不少店名走长店名形式，让消费者第一眼看不出来，也猜不透在卖什么，但也因为中间所产生的期待，所以吸引顾客上门或被记住。"木介设计主持设计师黄家祥提醒，在构思品牌名时也要考虑有无专利问题，若欲发展华人以外的地区，中英文要一并构思，也要顾及好不好发音与搜索。

合聿设计工作室替花甜果室注入日式简约风，给予蔬果汁饮品店不一样的印象。图片提供＿合聿设计工作室

2. 发展扩充期 / 不轻易改变，以优化为主

走入发展阶段，仍会有品牌发现定位不明的问题，希望能通过改名来重新做定位，但是，一旦制定品牌名，较不建议重新做变更，容易让消费者误以为品牌在市场上消失了。建议以优化为主，或者通过设计层面的优化，让LOGO呈现更精致，更具质感，避免消费者对品牌辨识度下降的风险。

3. 成熟优化期 / 品牌新名要加入延续性元素

当品牌走入全球市场时，常遇到因各地商标注册法不同而产生的问题，有些名字可能很快就被他人先注册了，要进入其他地区市场时，便会发生品牌名无法延续使用的问题，不过仍可通过延续性元素来做辅助，找回消费者对品牌的印象与熟悉感。

图片提供_优土盟整合设计

要点 3

留下记忆

让人无法遗忘的印象

1. 启动关注期 / 新鲜、有趣，被记住就是成功的第一步

在碎片化时代中，能吸引消费者的目光与指尖，品牌才有机会在市场中出线，特别是刚刚成立的新品牌，要吸引眼球就得建立品牌记忆点，借助新奇或有趣的联结，给人留下印象并被记住。容韬钧形容道："记忆点如同品牌的符号，而这符号可以是有形的，抑或是无形的，声音、色彩、图像、动作等，这些可识别的元素都能成为符号。"以老虎堂为例，其借助寓意老虎斑纹的黑糖波霸鲜奶打响名号，虎纹与老虎堂相关联，无论饮品还是品牌名，能被消费者记住其一便是成功。名象品牌形象策略股份有限公司创意总监桑小乔补充，若记忆点不够强，能通过视觉图像来辅助，传达不同的记忆点，这也是方式之一。

2. 发展扩充期 / 找新共鸣，延续记忆热度

宜兰大学EMBA院长官志亮指出，现今的饮品多半跟着流行在走，属于流行性商品的一种，虽说最初的话题、符号给人留下印象，但品牌走到发展期，甚至中后期，仍要让那份共鸣延续，才能维持品牌记忆的热度。像是迷客夏于2018年，以自家牧场生产的鲜奶做成冰淇淋产品打进连锁超市渠道，为牧场鲜奶创造渠道，产生新共鸣，也再次加深品牌记忆度。

3. 成熟优化期 / 让记忆真正走进消费者的生活

当品牌发展到后段成熟期时，推动品牌记忆，不只要用对的语言与消费者对话，更重要的是得真正走进消费者的生活里。方便面市场的竞争激烈程度不亚于饮品市场，老品牌统一，为能够与消费者群体对话，于2015年推出《小时光面馆》系列微电影，再次唤醒消费者的记忆，也走进消费者的心里、生活里。

优士盟整合设计使用清新明亮的绿色来呼应"等一下"的招牌抹茶饮品，再加入灰色、木质感，让整体又增添些许日系、带有活力的感觉。图片提供__优士盟整合设计

商品力

建立明星商品，创造市场差异

商品力泛指品牌创造满足消费者需求的产品的能力，它是建立市场差异的关键点之一，可以从市场缺口、附加价值、明星商品等方向切入研发，创造与其他品牌不同的立足点，也能拥有独一无二的特质。

要点 1

市场缺口

创造与他人不同的立足点

1. 启动关注期 / 从自身背景、市场缺口找起

新兴品牌要进入竞争市场，必须独特才能被看见，经营者可从"市场缺乏什么"的角度探寻。庄嘉琪建议，寻找缺口可从自身背景出发，像迷客夏有牧场的背景，便以此发展出鲜奶茶系列，做出差异性，也找到自己的市场机会点。另外，坚果奶吧！是拥有30年私房小厨品牌的坚果专家丰茂生技所建立的，经营不含奶精、牛奶的坚果植物奶系列，以此确立其品牌定位。

2. 发展扩充期 / 持续深化自己的机会点

当品牌进一步走到发展扩充时期时，产品项目可在广度与深度上，做持续的挖掘，这样立足点才能站得更稳。例如，以新鲜水果结合茶为发展主轴，后续研发商品也依此方向，发掘更多当地水果、食材成为饮品原料。

3. 成熟优化期 / 让机会点变成一种饮品主张

前期持续做机会点的挖深，到了后期产品研发也紧扣主轴，进而要衍生出该品牌的价值主张或态度。鹿角巷从包装设计角度推出具有颜值的饮品，成功找到市场缺口，在后期更加以延伸，无论饮品内容、包装都经过精心设计，让喝茶不仅成为一种时尚美学的符号，而且形成一种饮品主张。面对现今自我意识至上的年轻消费者，只有当产品能显示出自己的主张与态度时，他们才愿意购买。

新兴品牌要进入竞争市场，必须探寻商品力，做出差异，也找到自己的立足点。摄影_江建勋

要点 2

附加价值

饮品以外的
再给予

1. 启动关注期 / 不单满足解渴一项需求

近几年随着市场扩大，饮品店经营也陆续玩出不少花样，像是有品牌把脑筋动到附加功能上，让饮品不单满足解渴、解热的基本要求，还能满足其他层面的需求。以语果果、幸福堂为例，将饮品与诗签做结合，喝茶的同时也能顺便抽签，对于买饮料、喝茶这件事，消费者不仅能感到有趣，还能纾解生活压力。

2. 发展扩充期 / 对附加功能做深度的细分

既然已找到独特的附加功能，同样也可以此为中心做更细化的发展，有更清晰的市场定位，也能使品牌保持热度。答案茶为了让玩法能延续，又再推出了艳遇茶、星座茶等，既可以茶会友，又能通过茶来"预测"未来，原本平凡的饮品摇身一变能替生活增添意想不到的乐趣，也成为年轻客群愿意再光顾的关键。

3. 成熟优化期 / 让附加价值走向广度挖掘

为了适应快速变化的饮品市场，当品牌走到成熟优化阶段，可从更广的角度挖掘附加价值。因为此时品牌触及的市场已从国内走到海外，除了从饮品的核心发展，也可从周边商品做延伸，例如提供随身瓶、杯袋等，或是饮品结合食品的衍生品，都能让所谓的附加价值再次创新。

明星商品既能成为店内的招牌，吸引顾客上门，又能让顾客产生对品牌的直接联想，甚至还能给同市场的竞争对手建立屏障。摄影＿江建勋

1. 启动关注期 / 让明星商品成店内招牌

面对庞大的饮品市场，在产品组合建立上，官志亮建议，必定要创造明星商品，明星商品既能成为店内的招牌，吸引顾客上门，更能让顾客产生对品牌的直接联想，甚至还能给市场中的竞争对手建立屏障。明星商品可从市场需求中衍生而来，同样也能从自身背景发掘，像坚果奶吧！因拥有坚果采购优势，故以坚果开发植物奶系列，店内招牌饮品满足市场中素食者、乳糖不耐受症人群的需求。简龙祥认为，首次开店的经营者总希望通过多元的品项满足消费者，虽说市场打击面更大，但无法让消费者看到差异化，甚至造成物料的库存压力。他建议，在创业初期，不要急于让所有品项一次到位，可先建立基本应有的项目，而后边测试市场边做调整，再进行品项的横向、纵向延伸。

当品牌走到了发展扩充期，产品项目可从广度与深度上去做持续的挖掘。摄影＿江建勋

2. 发展扩充期 / 延续火力成为市场领导者

饮品市场商机无限，年年都有新品牌加入，为了吸引消费者的目光，宛如快时尚般每一段时间就得出新产品，刺激消费欲。根据iSURVEY东方在线数据，饮品店品牌精致化、单品明星化，皆有助于提高消费者的购买意愿与愿付价格。官志亮表示，创造明星商品除了从饮品差异化切入外，也可在视觉、包装上下功夫，从不同方面引导市场，甚至建立特定品项的话语权，让明星商品再次受到关注，品牌的效应自然也就能产生。

3. 成熟优化期 / 使用数据做出正确决策

既然饮品等同于流行商品，产品本身的市场温度一定会高低起伏。当品牌走到成熟优化期时，除了留意市场风向，也可从背后的营收数据观察，看看哪些产品逐渐窜出头？哪些产品的反应开始消退？剔除市场反应不佳者，另拉起新崛起者作为第二个、第三个明星商品，或常态商品。

运营力

短中长期各自的经营方针

运营力即指企业的经营能力，运营力的建立除须在进入市场前做好市场评估外，进入后更须拟定后续的扩张计划，品牌才能有目标地往下一个阶段迈进。

要点 1

市场评估

选址、人流
效益共同
思考

1. 启动关注期 / 选址要抓紧消费者的购买特性

当品牌要进入市场时，选址为重要的决策项目之一，除店铺的进驻是对品牌形象的有效推广外，落地评估是影响该品牌能否成功的关键之一。官志亮分析，选址与目标客群须高度结合，即使店租再便宜，人再多，非品牌目标客群也不具意义。在选址时，应将该地的客源特性与密度纳入考虑，前者代表该地的顾客是否符合品牌的目标定位，后者体现目标客群的数量，密度高代表目标客群的数量大，才有机会带动销售。选址要考量该区的集客力是否足够，高集客力才能有效吸引客群，购买饮品多属冲动性消费，若店铺所在地具有高互补性或是产业聚落，例如餐饮聚集点，必能带动饮品店的销售额。此外，交通便利性也相当重要，抵达动线是顺向还是逆向，好不好停车，这些都是影响购买力的关键。

在设计初期便先制定出所谓的店面识别设计标准，后续所开店铺依此规范执行，大幅缩小走样概率。
图片提供＿元品设计

店铺力

用话题与亮点激起想来的渴望

店铺是展示与销售商品的环境，它包含商品、店员与顾客的使用空间。店铺力紧扣这三者，要做到从善待顾客、融入主题、操作动线、材质运用、展示陈列等角度出发，具备话题与亮点，引发让人想来的渴望。

要点 1

善待顾客

感到温暖的
空间规划

1. 启动关注期 / 耐人寻味的视觉设计

人潮就是钱潮，店铺通常设置在热闹的城市街头或商场之中，周遭可能充斥着杂乱的电线或林立的招牌、广告牌，如何能在茫茫"招牌海"中被看见，除了本身的LOGO、店名等视觉设计外，桑小乔指出，可以在其中辅以材质来做表现，加强本身的视觉效果，产生也更耐人寻味的效果。以迷客夏为例，为了塑造牧场形象，在招牌中加入草皮，让人眼睛为之一亮，也多了点温度。

2. 发展扩充期 / 心机设计，来店更感窝心

品牌准备从单店经营开始走向直营连锁时，应贴心地关注客群的需求，并在后续店铺设计上做必要的调整，让消费者入店后能更感窝心。翁于婷表示，若女性客源为主要的消费群体，可在后续开店时，将设计做微幅调整，像在点餐吧台上加入层板，或在其他处加设可放置包包的空间，贴心服务顾

客的同时，也便于点餐，或在适当的空间加设座位，让顾客在候餐时可以避免久站不舒服。

3. 成熟优化期 / 店面内缩，改善周边环境

店铺进驻商圈、生活圈，固然都不希望影响当地环境，甚至是在地客群、路人，因此可以看到，在店铺规划上将店面内缩，将相关工作前台移至店内，等待区也一并配置在室内，既不会影响路人的行走动线，又能成为街道上独特的风景。

合津设计工作室操刀的约翰红茶公司依环境规划店形。图片提供__合津设计工作室

1. 启动关注期 / 以商标作为空间设计的灵感源

在品牌创立初期，可借助主题来传达品牌的定位或精神。初期若资金有限，可以商标作为空间设计的灵感源，通过像材质、色彩的表现，或将图像输出并以大图呈现，空间既不偏离品牌轴心，又有属于自己的主题故事。鹿角巷将鹿的头像作为LOGO，并以大图输出方式呈现在墙面上，醒目又能快速被大家记住。另外，尝试把文化融入其中，成为空间设计表现上的灵感源，试图将饮品文化中"聚"的气氛融入其中，所衍生出的空间设计，能够让入店的人，因为茶而停留驻足，进而再因为这杯茶与人、环境，甚至文化产生互动。

优土盟整合设计在等一下饮品店中，加入木制秋千，既是亮点，又是店家与消费者重要的交流地点。图片提供＿优土盟整合设计

走热带雨林风格的小茗堂，在网络上有丛林系饮料店的美名，利用展示立架将麻绳做的饮料袋展示出来，方式新鲜又与环境不违和。摄影＿江建勋

2. 发展扩充期 / 利用打卡墙建立店铺话题

社交网络平台是一个热门的打卡平台，且使用族群更加年轻化，更匹配饮品店的客群，不少品牌为了让顾客的打卡照片能显示在社交平台上，在规划店铺时，会试图将主题打卡墙的概念植入，创造品牌与年轻族群的对话，也让消费者成为品牌的倡导者，达到快速分享的目的。翁于婷认为，若空间允许，可在环境中设计一道打卡墙，借助拍照打卡形成一种宣传，也能让品牌成为话题！她所设计的等一下饮品店，便在环境中加入木制秋千，既是亮点，又可以增加店家与消费者的交流。

3. 成熟优化期 / 让店铺跃升为一种生活空间

店铺的环境氛围影响顾客来店的次数与目的，当品牌走向成熟优化期时，可尝试在空间规划上加入不同的思考，像是鹿角巷创始人邱茂庭，尝试在海外店中加入家具，不只触动顾客到店消费体验，也能有利于吸引商务人群到店。

要点 3

操作动线

让工作流程更顺畅

1. 启动关注期 / 从饮品制作流程构思设计

饮品店空间主要分为前、中、后场，通常前场包含点餐、收银、取餐、调茶、组装的空间，中场为行政或仓储空间，后场包含烹茶、备料、冰箱、制冰机等的空间。各家因使用习惯、空间环境稍有所不同，主要设计重心多以前场为主，通常须结合饮品制作流程，为了有效提升出杯速率，降低人力成本，建议以接力的方式，实现人员操作专业化与移动最小化，并搭配中央工作台控场，来提升作业质量并确认出单顺序，避免顾客投诉。

饮品店的设计会结合饮品制作流程，设备之间保持一定距离，顺手好使用，又不需要走太多步，以控制出杯速率，并降低人员的疲劳度。图片提供＿合丰设计工作室

开放式的料理空间设计，让顾客安心。图片提供＿元品设计

2. 发展扩充期 / 环境透明化，让信任感提升

现今是个要求服务至上的年代，过去传统饮品店吧台多半如同过去的银行柜台般，有一定高度，如此一来易与顾客产生距离感，现代的银行多会降低柜台高度，以拉近柜员与顾客的距离。现今越来越多的品牌店也降低前场吧台的高度，试图从设计上做调整，通过透明、公开方式，大方展示制作过程，让调制过程如同演出般提升顾客的视觉体验，亦可提升消费者对品牌的信赖感。翁于婷表示，前场吧台高度在 90 ~ 100 厘米之间，工作人员与顾客无论交流，还是传递商品，都能水平直视，大幅减少距离感。

3. 成熟优化期 / 加入自动化概念，减少人为变量

品牌在其他地区经营时，会希望将在当地的成功经验与标准作业程序复制到各地，如此一来，才能确保饮品质量与服务的一致性。因此在操作设计上，各个品牌不断在操作技术或设备上进行优化。迷客夏为适应接下来的各地市场需求，在研发相关设备上，朝全自动化思考，以此降低人为变量，也能应对日后少子化、人力资源短缺，以及人工成本不断提升的问题。

材质运用

美观实用又
保留品牌亮
点

1. 启动关注期 / 好清洁，符合消防法规

黄家祥谈道："商业空间非住家，人员在行走、货运搬送等过程中，都可能会不小心发生碰撞，再加上餐饮空间要求干净，因此会以好清洁、抗污、耐磨、耐撞的材质为主。像不锈钢、瓷砖就较为常见。"简龙祥表示："不少店家仍以天然气来煮茶，材质选用应符合消防法规，以提升安全与保障。"

2. 发展扩充期 / 重新检视材质是否符合所需

翁于婷谈道，初期所使用的材质的确好用，但使用到后来会出现易脏、易粘连等困扰，导致后续需要花更多的时间定期保养，无论人力、时间都是成本花费。因此，可在发展扩充期，针对材质进行重新检视，若有不符合使用需求的，建议更换建材。

3. 成熟优化期 / 保留特色又融入当地风貌

当品牌进入海外市场时，为了更对外国客人的口味，装潢材料可运用当地材料，让空间风格更接地气。以咖啡品牌星巴克为例，进入世界各地市场都不敢马虎，它试图与当地文化进行融合，在保留自己鲜明特色的同时，使用当地材料融入当地风貌。像是日本京都清水寺二宁坂店，就采用榻榻米式座位，非常本土化。

木介设计所规划的二代米里太子店，经过重新定调后，店铺变得更具质感。由于饮品本身已具特色，空间整体调性改以深色系为主，并点缀金色系，彻底提升品牌质感。图片提供＿木介设计

要点 4

展示陈列

贩卖商品又
传达理念

1. 启动关注期 / 与形象、要求结合在一起

初期总会遇到理想与现实的拉锯，当初期望在空间中配置一道打卡墙的四口木鲜果饮，碍于最后所租的店型，只好将打卡墙概念舍弃，改在前台将新鲜水果展示出来，不但呼应品牌以新鲜水果为饮品原料的理念，而且加深了消费者对品牌的信任感。

2. 发展扩充期 / 美观与实用兼具

店铺设计者并非工作人员，实际操作与规划预期皆会在真正使用过程中出现落差，例如是否好拿取，流程是否顺畅，会不会阻碍工作人员的操作或行走等，一旦出现实际与预期的落差，建议可在后期做修正与调整，让展示设计不只美观，还能兼具实用性。

3. 成熟优化期 / 展示性质的延伸与新定义

品牌发展到后期，若往复合化经营发展，开始尝试贩卖其他周边商品，展示陈列就不只要体现品牌精神，要兼具实用与美观，还要一并思考周边商品，让展示的方式具有一致性，同时也能让消费清楚区分各个展示的用意。

切切果鲜果切吧是 Mr. Wish 鲜果茶玩家所衍生的品牌，它将相关水果展示出来，让消费者安心并产生信任感。
摄影__ Peggy

活动力

虚实整合营销，让销售持续滚动

为了促使消费者更频繁地到访，品牌不再只推出熟悉的营销活动，如集点、折扣等，必须搞懂数字经济所带来的联动效益，唤醒沉睡的客户，也拉拢忠诚的客源，甚至还能开发不同受众，让销售持续滚动的同时也能拓宽市场。

要点 1

营销活动

既锁定顾客也拉拢忠诚客源

1. 启动关注期 / 集点、折扣仍具吸引力

为紧抓消费者的心，提高品牌知名度，经营者经常得适时端出营销活动。官志亮指出，营销活动大多可分为品牌活动与促销活动两类。品牌活动强调建立客群对品牌定位的情感认同；促销活动强调让顾客得到优惠。在品牌建立初期，推出能与目标顾客产生共鸣的品牌活动至关重要，不能一味地将重心放在促销活动上，促销活动仅是吸引潜在顾客进行体验的诱因，以创造品牌知名度，促销切勿过于频繁，因为很可能会引起反效果，像消费者的认知价格降低等情况，策略运用得更加留心。一般来说，品牌总部应致力于品牌营销，而将促销活动交由各店，针对各地环境，有效地运用。

2. 发展扩充期 / 与所属商圈产生互动

品牌经营必须接地气，除了经营初期所提供的品牌体验、集点、折扣等活动外，也应顾及当地社群，进而引发对品牌的

品牌联名已是一种常见的营销手法，既能开发不同受众，让销售持续滚动的同时也能拓宽市场。摄影_ Peggy

追捧。若店铺设置在商务人流密集度高的区域，不妨可与邻近公司洽谈，作为该公司的特约厂商，提供专属的折扣优惠，也能与附近所属商圈有所互动。

3. 成熟优化期 / 异业合作，开发不同受众

品牌联名已是一种常见的营销手法，当进入成熟优化期阶段，代表品牌在市场上有一定知名度，可适时纳入不同产业合作方式，开发不同受众与市场，以互利方式创造双方与消费者的三赢局面。饮品店联名合作，最常利用杯身、封膜、吸管套等，刺激眼球也带动消费。根据Opview社群口碑数据库的数据显示，清心福全于2017年4月首次与日本三丽鸥卡通图案蛋黄哥联名，网络热度增长接近8倍，也出现不少热门讨论话题。

1. 启动关注期 / 让"少女网"替品牌发声

现今的营销已进入所谓的"营销4.0"时代，营销学大师菲利普·科特勒（Philip Kotler）提及，这个时代背景下关键的受众对象为"年轻人""女性"与"网民"，简称为"少女网"。饮品市场身处该时代下，必然要面对这群受众，与他们进行品牌对话则必须要找到对的语言，要引起他们的关注，除了品牌信赖度、引发好奇、体验活动等吸引因素外，社群经营，以及数字与实体通路的无缝接轨更重要，如此才能通过他们拍照、上传、打卡，宣传品牌，并做最有效的发声。经营初期必须要认清所经营的客群是谁，用对的语言与他们进行对话，品牌才能在市场中活跃起来。

春芳号独特的杯子设计，深受消费者喜爱。图片提供＿春芳号

首创易拉罐饮品的"极渴"，以独特的饮品包装以及新颖的喝法形成市场话题，在网络社交平台上出现打卡热潮，随网络扩散效应，引发品牌在市场上的关注。摄影＿蔡宗升

2. 发展扩充期 / 话题营销吸引顾客好奇

任何方面都能是营销创造话题的灵感来源，有了话题，既能受到关注，也可打动消费者的心。圆石禅饮第三代店于2018年第二季度开始试运营，首创易拉罐饮品店，独特的饮品包装以及新颖的喝法形成市场话题，在各网络社交平台上出现打卡热潮，随网络的扩散，引发品牌在市场上的关注。

3. 成熟优化期 / 借力使力，带动新的影响力

除了留意网络热度、制造话题，也能借助意见领袖之力带出新的影响力。鹿角巷所推出的"北极光"系列，以调出多种颜色的颜值饮品，紧抓住消费者目光，就连艺人林心如、日本团体AKB48都曾拍照上传为品牌宣传，通过群体意见领袖创造话题，自然也能进一步掀起风潮并带来话题。

服务力

满意与感动促成想买的关键

市场上商品可以模仿，价格可以竞争，但只有真诚的服务无法取代。饮品业同样作为餐饮业的一环，服务亦然重要，无论有形服务还是网络服务，皆要能解决消费者的疑问，满足所需，促成再次回购的意愿。

要点 1

有形服务

让服务变成一种随手可得

1. 启动关注期 / 服务提升，面面俱到

服务力涵盖诸多方面，包含了能无误满足顾客的服务需求，能有效关注并响应顾客及时性的需求，能尽力了解顾客，提供关怀度高的贴心服务，以及能维护店面环境、操作设备等。初期运营时，培养员工能具体观察顾客需求，建立记录，改善服务，增加消费者对品牌的好感度。

图片提供＿合聿设计工作室

饮品业同样作为餐饮业的一环，服务亦然重要，因为这是促成消费者想再回购的原因之一。
图片提供＿合聿设计工作室

2. 发展扩充期 / 创造感动服务，让服务力加分

人，其实最能创造有温度的沟通与服务，当品牌走到了发展扩充时期，仍要借助人员的服务力加深消费者对品牌的正面印象，甚至能为品牌做正向宣传。此时，应思考创造能感动顾客的服务设计，感动顾客的事迹能提升顾客忠诚度，甚至创造品牌话题。像星巴克会在杯套上画出贴心的祝福，在许多上班族喝到咖啡时，它不仅温暖了味蕾，也温暖了顾客的心。

3. 成熟优化期 / 让服务贴近生活

品牌从建立到成熟，不少分店已在该生活圈、商圈进驻不算短的时间，附近邻居、熟客都已相当熟识，此时的服务，仍必须具备主动性，主动记住顾客的喜好甚至名字，让服务更深层，甚至贴近生活。

要点 2

数字沟通

就算无形，
仍贴心至上

1. 启动关注期 / 社群营销建立服务对话

在品牌建立初期，绝大多数的预算被店面租金、人事、物料等成本占据，通常到了营销、服务的费用规划，已所剩不多。庄嘉琪建议，预算有限，可以先从社群营销做起，像是经营品牌自己的社交网络主页，不只提供各项新品信息、活动信息，也可作为消费者反映问题的渠道或平台，人员能在此实时地解决或沟通。

图片提供＿合聿设计工作室

任何方面都能是创造话题的灵感来源，有了话题，既能受到关注，也可打动消费者的心。
图片提供＿合丰设计工作室

2. 发展扩充期 / 就算看不见仍要提供信任

当品牌经营步入发展时期，会有更多的直营、加盟分店开业，此时不只官网需要被建立，就连客服人员也需要被安排，让消费者可依需求选择合适的沟通方式，而品牌也必须解决不同地区所产生的消费、服务等问题，提供最好的解决方案。

3. 成熟优化期 / 创新其他数字服务系统

随着数字科技越趋发达，社群平台功能也陆续增加，完善的品牌经营，应当持续优化服务项目，甚至在数字服务上创新。像是提供在线问答功能，或者在线客服沟通，如选择视频、网络电话，或文字客服等方式与人员互动。

根据数据显示，2017 年中国台湾的饮料店的总营业额达 115 亿元，庞大的商机促使新兴饮品店品牌蜂拥进入市场。目前中国台湾的饮品店以店铺与复合形式为主：店铺形式主要多为街边店，为消费者提供外带饮品的服务；后者或是先单纯经营贩卖饮茶，而后经顾客建议加入餐点，或是从茶艺馆转型成复合式饮品店，提供饮品与餐点。本章根据这两大形式，并依据饮品店发展阶段——启动关注期、发展扩充期、成熟优化期，搜罗中国台湾饮品店品牌并介绍他们各自的发展故事，另也探讨饮品店经营战斗力学——品牌力、商品力、运营力、设计力、店铺力、活动力、服务力，看他们如何在市场中找到独特定位并创造价值。

第 3 章

22 家
饮品店品牌开店经营术

///////////////////////////////////////

店铺式饮品店

·启动关注期

　语果

　四口木

　阿莲茶

·发展扩充期

　幸福堂

　珍煮丹

　花甜果室

　兔子兔子茶饮专卖店

　十杯极致手作茶饮

　春芳号

　日日装茶

　康青龙人文茶饮

　Mr. Wish 鲜果茶玩家

　布莱恩红茶

　水巷茶弄

　圆石禅饮

·成熟优化期

　鹿角巷

　Chatime 日出茶太

　茶汤会

　迷客夏

复合式饮品店

　春水堂

　翰林茶馆

语果成立于2017年，目前已将品牌代理授权到香港。图片提供＿语果

文／吴宇翔、丘彦霖、陈宏斌、杨恩弼、张中模　图片及资料提供／语果

语果

传统文化与现代饮品店的结合，会迸出什么火花呢？位于新竹市东区的语果，是中国台湾第一家结合传统庙宇意象作为店面特色的饮料店。有别于一般饮品店的店面，语果提供了座位区，独特、新潮的形式吸引了许多年轻消费者，也成为独树一帜的打卡地点。

品牌信息

成立于 2017 年的文化饮品品牌，希望通过一首签诗，饮尽生活里的迷惘。生活中的未知是迷惘，用一首诗佐茶，倾听内心的声音。

语果是由网络媒体"文化银行"所创办的，团队观察到，现在的年轻族群非常喜欢光顾饮品店，随着时代快速进步与发展，生活周遭早已被新兴科技所占据，使得传统文化在社会中逐渐式微。因此，希望能将饮品与文化相结合，把浓厚的知识文化传递给年轻族群，同时吸引更多人关注传统文化。

喝口茶，释放生活压力

"文化银行"过往多着墨在传统文化复兴的议题与活动上，对探求该融入什么样的文化，构思了一段时间，最后发现中国台湾的庙宇种类繁多，在兴建、设计上又跟各地信仰或儒、释、道家不同，而产生差异。

由于饮品的消费群体多半属年轻族群，因此团队最后选择落脚新竹，邻近火车站与商圈，熙来攘往中，除了有学生，商圈、火车站一带也有通勤客源，可以通过不同人流带动销售。

在装潢中加入传统文化的符号

为了让店面的室内设计能与品牌设定相符合，在设计上将庙宇语汇以现代、简约等元素来做转化与呈现，走进店内就能感受到具有现代意味的寺庙，不像真实庙宇般用色华丽，转而以浅色系来呈现，拉出空间质感，也达到放大视觉效果的作用。墙上挂着的柜子以及做成线香形状的吊灯，让店内充满着东方庙宇的气息。不同于一般的外带式饮品店，语果特别在店内规划了座位休息区，让人可以静静地坐下来，享受店内庙宇般的装潢，感受其氛围。不管是饮茶时来自朋友的关心，或是店内文静的氛围，语果希望顾客可以体会到庙宇的静谧与清香。

图片提供＿语果

将庙宇语汇以现代、简约等元素来做转化与呈现，走进店内就能感受到具有现代意味的寺庙。图片提供＿语果

语果特别在店内规划了座位休息区，让人可以静静地坐下来，享受店内庙宇般的装潢及氛围。图片提供＿语果

特调水果茶深受粉丝喜爱

为了让顾客能同时体验到完整的水果味与茶香，语果选择有别于鲜榨果汁的做法，精心将水果熬煮成果酱，去除果肉中口感不佳的部分，切成细丁，然后用糖腌渍，将水果中的水分释出，再用高温炖煮，少量多次，慢工出细活，历经温度与时间的淬炼，才能更为丰富、更加成熟，再选用特选茶叶，调理出幸福暖心饮品。明星商品有渐层鲜奶泡雪松乌龙、红粉烂漫、橙黄橘绿时、梨园吹凤曲等。

在营销活动上，除了每季会推出新商品以外，还推出限定周边商品，受到少女族群的喜爱，经常造成店外大排长龙，亦获得2018年新竹十大伴手礼的殊荣。

紅粉爛漫

橙黃橘綠時

雪松烏龍

將蜂蜜加入鮮奶打
成濃郁奶泡，配上來
自苗栗三義的碳培
烏龍。

雪松乌龙是店内的明星商品之一，茶与鲜奶结合，创造出具有渐层美感的外观。图片提供＿语果

此为红粉烂漫与橙黄橘绿时，能喝得到新鲜果粒。图片提供＿语果

跨向全球的文化复兴梦

近10多年来中国强调文创产业，从对文化产业化的期待，到产业文创化的转变，许多青年返乡创业，语果团队以网络媒体"文化银行"起家，通过网络报道记录文化，积极致力传统文化创新及传承，包括发起平溪环保天灯群众募资活动，开设1949怀旧民宿，皆希望传递文化的种子。目前语果品牌，经过这段时间的摸索逐步确立了推广方向，除了在中国台湾设点，也已将品牌代理授权到中国香港，期许中国香港青年逐渐关注当地文化。

店铺运营计划表

品牌经营

品牌名称	语果
成立年份	2017 年
成立发源地 / 首间店所在地	中国台湾，新竹 / 文昌街 99 号
成立资本额	约 28.2 万元
年度营收	94 万～ 117.5 万元之间
直营 / 加盟占比	直营 1 家，加盟 0，已有中国香港总代理
加盟条件 / 限制	可来信询问
加盟金额	可来信询问
加盟福利	可来信询问

店面运营

店铺面积	100 平方米
平均客单价	约 14 元
平均日销杯数	约 300 杯
平均日销售额	约 4230 元
总投资	约 47 万元
店租成本	约 1.4 万元
装修成本	设计装修 23.5 万元
进货成本	不提供
人工成本	约 3.5 万元
空间设计者 / 公司	文化银行

商品设计

经营商品	水果茶饮、奶茶、奶盖类
明星商品	雪松乌龙、红粉烂漫、橙黄橘绿时、梨园吹凤曲
隐藏商品	无
亮眼成绩单	2018 年新竹十大伴手礼获选店家

营销活动

独特营销策略	无
异业合作策略	宣传活动：消费一杯饮品，在社交网络平台打卡，标注语果，即可获得合作偶像的杯套或精美小卡

开店计划步骤

2017年 3月
开始筹备

2017年 7月
正式开业

空间前台配置了挑高木架，上面摆放大量的水果，通过陈列设计，加深品牌信心与好感度。
摄影__刘津秀

四口木

瘾头来的时候，总想喝杯饮品开心一下？喝腻了高热量的
含糖饮料，总想着是否还有其他更健康、更好喝的选择？
坐落于台北市师大路与罗斯福路交叉口的四口木，看准消
费市场需求，将果汁加入饮酒"特调"的概念，与市面上
同类饮品有很大差异，让果汁拥有丰富的口感，以及兼具
美丽质感的外观。

文/吴宇翔、丘彦霖、陈宏斌、杨恩弼、张中模　图片及资料提供/四口木

品牌信息

太阳风企业社成立于 2018 年 7 月，旗下品牌四口木为推广健康饮品结合时尚，强调饮品完全以新鲜水果调制而成，口感扎实，好喝。所有饮品皆以专业比例调制，完全无任何化学添加物，所有饮品都采用本店独家配方自制。

四口木的创办人杨佑刚、苏文颉、许俊明在进入饮品市场之前，就在从事水果饮品相关生意。工作一段时间后，萌生转换跑道的念头，恰好遇上调酒师朋友张言煦，几人相谈后发现许俊明过去接触过水果饮品，而张言煦则是调酒师，何不干脆让果汁也来特调一下，于是在2018年7月成立了这家有别于传统的健康果汁饮品店。

目标性选址，让健康饮品打中主要客群

既然决定开设果汁饮品店，那么在店名选取上也得与水果结合，于是决定从"果"字出发，无论组合、拆开都与果离不开关系，最终便以此作为品牌名。由于产品线是健康的果汁饮品，又以年轻女性群体的关注较高，于是在店面选址上反复做了推敲与评估，最后选择落脚于捷运台电大楼站附近，这一站既是前往师大、公馆商圈重要的连接口，也汇集不少学生与邻近的上班族。

四口木所承租到的店面属狭长形格局，空间设计由杨佑刚操刀，其本身是一位刺青师，同时也是四口木的创办人之一，对于美术、美工特别有想法，为了与众不同，便交由他负责规划。张言煦回忆，当时为了符合时下年轻人拍照、打卡的要求，除了想在店门口放置秋千，也想在店内设计一面网红打卡墙，让顾客能走进店里面拍照，不过碍于实际店形的关系，便决定重新调整设计，为适应长形空

间，绝大多数的环境均用来安置相关设备，另利用主墙面将店名LOGO植入，满足打卡的需求。由于整家店要求饮品以新鲜水果调制而成，在前台空间配置了挑高木架，并摆放大量的水果，让人一目了然，店内是真的如实采用新鲜、当季的水果来调制饮品的，通过陈列设计，加深品牌信心与好感度。

从触目到饮下那一刻，层次不断围绕

将"调酒"概念融入果汁，并非真的加入酒饮，而是借字的音来表意，通过不同的水果进行调和，带出独特的口感。会有这样的创意产生，源自过去一般传统式的果汁店大多为单一品项商品线，像西瓜汁、橙汁、柠檬汁等。若是制作混合果汁，则是将不同的水果全打在一起并制成1杯，外观上较无特色。

于是四口木选择从制作方式上做出差异化。"一口木"即为单一水果制作的饮品；"二口木"即为两种水果制成的饮品；"三口木""四口木"则分别由3种、4种水果组合而成。在制作时，必须通过两人接力进行，最后再将其混搭，即完成所谓的特调。当消费者拿到饮料时，除了单一水果制作的饮品，都可以看到鲜明的层次。以"四口木"为例，其中共有4种水果，上半杯会喝到其中两种

繁体的"果"字分别由四、口、木3字所组成，无论组合、拆开都与果离不开关系，便决定以此作为品牌名。摄影＿刘津秀

四口木的果汁在制作时，必须通过两人接力进行，最后再将其混搭，即完成所谓的特调。摄影＿刘津秀

水果，下半杯则是另外两种，每一口都是不同滋味，当果饮彼此相调和在一起时，又是含有多种层次的口感。

稳住首家店的经营，找到品牌定位

饮品店的经营，亦相当重视单位面积销售额，店内除了贩卖果汁、果茶，另也提供相关饮品，以及松饼轻食。店内目前除了提供外送服务之外，也提供会议水果的摆盘及外烩，通过不同服务让销售更加多元化，此举也成为四口木相当独特的推广方式。

健康是品牌的主要求，除了通过空间形象、产品做到相互结合外，多食用蔬果也有利于环保。因此，品牌特别从 2018 年 12 月开始，推出"四口木与您一同爱地球"活动，呼吁大家一起做环保，爱护地球，同时也让消费者享有带自备环保杯购买任何饮品减 2 元的优惠。

目前四口木仅有台北1家门店，预计接下来会持续了解市场反应与需求，同时也会通过社交网络平台与消费者进行互动，不断在经营上调整，让整体质量、品牌都走向更好。

店铺运营计划表

品牌经营

品牌名称	四口木
成立年份	2018 年
成立发源地 / 首间店所在地	中国台湾，台北 / 大安区
成立资本额	42.3 万元
年度营收	目标为 105.8 万元
直营 / 加盟占比	直营 1 家，加盟 0
加盟条件 / 限制	可电话洽询
加盟金额	可电话洽询
加盟福利	可电话洽询

店面运营

店铺面积	不提供
平均客单价	每杯约 15 元
平均日销杯数	100 ～ 130 杯
平均日销售额	1880 ～ 2585 元
总投资	42.3 万元
店租成本	4.7 万元（含 2 个月押金）
装修成本	11.8 万元
进货成本	21.2 万元
人工成本	2 万～ 3.5 万元每月
空间设计者 / 公司	杨佑刚

商品设计

经营商品	果汁、果茶
明星商品	火焰山（火龙果香蕉牛奶）
隐藏商品	店长特调、紫金橙、橙金凤、小网莓
亮眼成绩单	无

营销活动

独特营销策略	·利用低价吸引顾客，不定时推出促销活动 ·针对一周营业额较差的几天推出优惠活动，例如星期日，学校附近较不会有学生，因此推出第二杯同款饮品半价优惠 ·由于雨天客源变少，推出第二杯同款饮品 10 元的优惠活动 ·A4 立牌告知当天优惠，例如新品促销、冬天特卖饮品 ·与特约商店合作，提高品牌知名度 ·针对公司或学校，尤其学校，凭学生证即享优惠，主要客源锁定学生 ·给前来谈合作的学校发放折价券，增加曝光率
异业合作策略	无

开店计划步骤

2018年 7月 太阳风企业社成立

2018年 8月 筹备期

2018年 9月 旗下品牌四口木试运营

2018年 10月 正式开业，新增外送与提供会议水果、外烩服务

2018年 12月 第 2 个月面临季节转变（下雨天），加入优惠营销手法，促进销量

2019年 1月 第 3 个月开始冬季新品研发

2019年 2月 过年期间开店，营业时间调整

简约的木头吧台、蓝绿色的招牌、红砖建筑，以及墙上醒目的老伯伯代言人，无不散发出中国台湾传统市场的浓浓氛围。图片提供＿阿莲茶

文／苏群智、吴启豪、李佳柔 黄可心 图片及资料提供／阿莲茶

阿莲茶

说到中国台湾的传统茶饮品，一般都会想到菜市场里或路边价格较低廉的茶饮品店，与时尚、文创似乎沾不上边，阿莲茶创办人 Tsai 为了推翻过去多数人对茶饮品的印象，将中国台湾的传统味道重新推广、发扬，进而催生出有别于市场既有形式的茶饮品牌。

品牌信息

创立于 2018 年 7 月，秉持着为中国台湾传统经典饮品发声的理念，在台中市开设第一家概念店。有别于其他饮品店丰富多样的菜单，阿莲茶虽只提供 8 种常见的饮品，但每一种饮品都是创办人亲口品尝研发，且利用 30 多年的古法手工熬煮而成的，一点都不马虎，为中国台湾饮品不断努力。

阿莲茶创办人Tsai对市场洞察准确且有自己独到的看法，他发现，经营多年的传统饮料老店，多半都依附在市场商圈下，且各家一定拥有一种具代表性的饮料商品，以台中市为例，第五市场的阿义红茶、第二市场的老赖红茶、第三市场的太空红茶等皆是如此。确定要做出含有传统风味的饮品品牌后，在商圈定位的部分，也必须相互结合，才能将效益发挥出来。

在第五市场、第二市场、第三市场已有品牌进驻的情况下，团队锁定重新改建后还未出现具代表性饮品店的市场，看中这商圈需求的缺口，便决定落脚于此，期望通过用心的经营，自然而然让阿莲茶成为所在市场的代名词。

酸梅汤成主力商品，满足当地市场商圈外带饮品的需求

当初在产品设定上，阿莲茶费了一番功夫。创办团队观察到，市场上常见的传统饮品店，其产品多以阳桃汁、冰红茶为主，既然要做出差异，除了基本传统味道红茶、翡翠绿茶等，阿莲茶选定以酸梅汤作为招牌饮料，再用不同的煮法，让风味、口感，甚至甜度等都能适应现代人的需求。至于在装潢上，由于 Tsai 本身即是专职设计师，因此从 LOGO 设计、各项宣传文案设计、产品包装，甚至到店面设计等，都由他亲自操刀。他也不讳言，首间店刚创设，任何花费都是成本支出，

要尽可能善用来达到节省开店成本的目的。

至于在产品包装上，可以看到更符合时下简单、刚好的概念，透明的杯身、瓶身设计，让人可以一目了然茶的内容，用最单纯的产品诉说设计，让消费者能喝得更安心、放心。

考虑饮品客人多半是在逛个市场途中买杯饮料，获取短暂的解渴，因此，目前店面仍以服务外带客为主，并没有加设可内用的店铺。

通过跨界合作，找寻饮品新商机

由于店铺位处市场的关系，营业时间为上午5点半至下午2点，为了能增加其他营收，Tsai通过不同异业合作找出新商机。

"当今的饮品市场，或是新兴的饮料店，其背后都有庞大的资本与团队在协助运作，目前连锁名店之间的竞争十分激烈，实在很难杀出重围，甚至很难在饮品市场中存活，更何况这种特色单一的小店。"创办团队说。因此，阿莲茶决定不走饮品店加盟路线，而是主攻瓶装饮料市场，推出瓶装饮料，通过跨界合作的方式，

阿莲茶将产品线延伸，推出瓶装饮料，与其他店铺或者餐厅进行合作，通过租用其冰箱来贩卖饮料。图片提供_阿莲茶

阿莲茶的宣传单、名片等的设计风格相当复古怀旧。图片提供_阿莲茶

阿莲茶创办人 Tsai 为了能推翻过去多数人对茶饮品的印象，也想将中国台湾的传统味道重新推广、发扬，进而催生出品牌。图片提供_阿莲茶

在台中各式餐厅进行铺货，目标是在台中地区所有餐厅中都能看到，大众到餐厅用餐之余，都能随手来上一瓶阿莲茶瓶装饮料。

在与其他店铺或者餐厅的合作上，阿莲茶选择租用餐厅的冰箱来贩卖饮料，过去也曾遇到过想合作的餐厅里未设有冰箱，于是董事长决定亲自给餐厅提供冰箱，进而争取到合作的机会。在与餐厅的合作上采取补充货源的方式，在补货的同时也能进一步了解到哪项商品较受顾客青睐，哪些又该成为日后研发、调整的考虑。目前 1 个月谈 5 家餐厅，预计合作目标是 100 家餐厅。在寻求合作前，也做了其他的评估，像目前很火红的 UberEats，因阿莲茶本身商品的单价偏低，扣除抽成费用，几乎无利可图，所以当初在设定跨界合作时，未将此纳入考虑。

目前瓶装饮料与店内其他饮品营收占比为 9 ：1，未来也想让具有独特风味的中国台湾传统味道能更广为人知。不过，在进军各地市场前，当地各类渠道的扩展仍是需要准备的方向之一，且手工熬煮饮品也还有像稳定饮品质量、拉长保存期限、补充货源量等问题待解决，接下来等到这些问题都可克服后，再逐步朝各地做推广。

店铺运营计划表

品牌经营

品牌名称	阿莲茶
成立年份	2018 年
成立发源地 / 首间店所在地	中国台湾，台中 / 东区市场
成立资本额	约 18 万元
年度营收	约 18 万元
直营 / 加盟占比	直营 2 家，合作餐厅 5 家
加盟条件 / 限制	· 合作餐厅多为热炒、简餐和火锅店等店家 · 主打餐点搭配付费饮料，日常就会常喝的饮料，而非特殊饮料
加盟金额	合作餐厅月租 700 元，在店里放置专属冰箱贩卖瓶装饮，如店家有跟优步（Uber）合作，自家瓶装饮品会加入其菜单供消费者选购
加盟福利	免费在店里放置专属冰箱，3 个月后冰箱归商家所有；不用自己备料，只要付租金，提供空间跟插电处即可，卖 1 瓶能赚 2 元，目前每月从每家店获得的收益为 2300 ～ 3500 元

店面运营

店铺面积	33 平方米
平均客单价	平均每杯约 7 元
平均日销杯数	店面与罐装茶皆为 200 件
平均日销售额	约 1380 元
总投资	约 19 万元
店租成本	不提供
装修成本	不提供
进货成本	3 万～ 5 万元
人工成本	2 位兼职人员，每个月人工费为 3500 ～ 5000 元，老板跟合伙人的薪资来自每月营收扣除成本
空间设计者 / 公司	创办团队 / 舍革创意

商品设计

经营商品	冬瓜鲜奶、酸梅柠檬、冬瓜柠檬、红茶拿铁、手熬冬瓜茶、慢火古味红、轻焙翡翠绿、老坛酸梅汤
明星商品	老坛酸梅汤、冬瓜柠檬
隐藏商品	苹果绿茶
亮眼成绩单	与当地传统热炒类等餐厅合作

营销活动

独特营销策略	· 选在传统市场发迹，与专业茶行、贸易商合作 · 打造传统洋酒商供货模式，与餐厅合作 · 未来可能会参照啤酒模式选出茶饮品小姐
异业合作策略	· 与林倍咖啡联名推出"新春啡富吉桂礼盒"，内容有咖啡和桂花茶包 · 与烟岚云岫茶行合作销售罐装冷泡茶

开店计划步骤

2018年3月
开始筹备

2018年7月
概念店正式开业

2018年9月
推出共计 8 样产品：古味红茶、翡翠绿茶、冬瓜茶、酸梅汤、冬瓜柠檬、酸梅柠檬、冬瓜鲜奶、红茶拿铁

2018年9月
老坛酸梅汤 / 无糖翡翠绿罐装凉茶于中秋节开始试卖

2018年12月
罐装凉茶合作店数达到 5 家

2019年3月
罐装凉茶合作店数达到 30 家

2019年8月
第 10 个月损益两平

门面结合了造型屋檐、巨幅匾额、大红灯笼、复古大灶等传统文化意象，演绎旧时街市生活之热闹非凡。摄影_ Amily

幸福堂

成立于 2018 年的幸福堂，由新竹城隍庙周边一家小小的街边店发迹，不过 1 年多的时间，即成功打响知名度，站稳黑糖珍珠鲜奶品牌的领导地位，其店铺分布在各地人潮聚集区，甚至同步积极抢占海外代理市场，截至目前，包含已开设及筹备中的分店已突破 100 家，遍及世界各地主要城市，且数量持续稳定成长中，挟惊人之势，缔造年营业额高达 1.15 亿元的傲人佳绩。

文／李奕霆　摄影／Amily　资料及图片提供／幸福堂

品牌信息

自 2018 年创立于新竹城隍庙周边，即火速带动国内黑糖珍珠鲜奶风潮；其黑糖，讲究每日手炒制作，绝不含色素、香精等人工添加物，不仅让消费者吃得健康心安，而且通过对古法的坚持，传递老百姓记忆中那难忘的传统滋味。

中国台湾知名黑糖珍珠鲜奶品牌幸福堂，自2018年1月创业以来，以铺天盖地的开店策略，攻占当地各商圈。不过大概很难想象，其创办人兼总裁陈泳良在1年多前，仍深陷财务危机，而正是这杯黑糖珍珠鲜奶的无心插柳，意外成了他人生中的救命索。

童年回忆激发灵感，抓准契机翻转人生

事实上，从学生时代起，陈泳良便对从事生意十分感兴趣，即便是简单批个发饰、衣帽来卖也甘之如饴。毕业后，他转而投身餐饮业，就在历经多次创业失败后，幸运搭上渐层果汁热潮而大赚一笔；孰料这股风潮退烧太快，偏偏他又已投下大笔资金兴建厂房，最后只好忍痛退场，跌入濒临破产的窘境，迫于无奈下返回新竹老家。

而这段经历，却也勾起了陈泳良的童年回忆。他表示，自己从小便与祖母共同生活；调皮的他，有次又在外头与其他小孩玩耍打闹，祖母为了阻止，竟一时忘了炉火上的黑糖，结果误打误撞，熬煮出略带焦香的浓稠黑糖浆。对他来说，那正是承载了成长记忆的幸福滋味。

于是，这段偶然想起的往事，给了陈泳良再次创业的灵感；当时恰好又碰上城隍庙周边有店面顶让，他便心一横，怀抱着必须将祖母的手艺推广给大众的坚定意

念，将身上仅存的积蓄孤注一掷。然而在资金有限的情况下，其过程走来难免分外艰辛，"初期根本没有装修预算，只能靠白天卖黑糖珍珠赚的钱，买些建材回来自己敲敲打打，慢慢才打造出较完整的店面。"陈泳良如此娓娓道来。

不过情势很快获得逆转，幸福堂成立不久便迎来农历新年，其间城隍庙一带游客众多，加上品牌故事经由网络流传引发回响，因此吸引大批消费者纷纷慕名而来。陈泳良坦言，当时的排队盛况真是始料未及，每天准备的黑糖珍珠都不够卖，只能动用所有人力，夜以继日地赶工熬煮，甚至创下日销 6000 杯的惊人成绩。

陈泳良认为，幸福堂之所以能在短时间建立起口碑，正是因品牌对于原物料质量的坚持；即便当前分店总数已累积至庞大规模，仍然不计成本、人力，讲究每日手工炒制黑糖，不仅为消费者的食品安全把关，也表现出对于延续传统传统味道的情感与使命。

打破保守成本思维，选址直闯黄金地带

综观幸福堂的选址分布，皆坐落于人潮众多或小吃店密集之处，诸如台北西门商圈、台中一中商圈、高雄瑞丰夜市等传统商业街区，无畏价格相对高出许多的店租成本。陈泳良强调，幸福堂的定位属于话题潮流店，加上相较其他饮品品牌而言单价较高，不太可能天天喝，因此无法过度仰赖回头客，反观大量行经的过路客、观光客才是目标消费者，即他口中所谓"活的人潮"，故多数店铺选址在全集中市场黄金地带。

同样的选址策略也反映在其他市场布局，例如幸福堂首家落脚中国香港的店铺。陈泳良说，无可否认，中国香港为亚洲首屈一指的国际之都，若好好抓准契机，势必能起顺水推舟之效，有助于日后品牌在其他国家与城市的经营。果不其然，之后先是有马来西亚的从业者前来洽谈代理，接着则是来自新加坡、泰国，一路串联全东南亚，甚至漂洋过海扩及欧洲与北美国家；在地图上看来就像起了连锁效应，陈泳良笑称："口碑就好像是感冒，是会传染的！"

（左）幸福堂创办人兼总裁陈泳良。（中）类开放式厨房的设计，使食材制备流程全部透明化，让人吃得更心安。
（右）互动的概念，为原本单纯的消费体验增添无穷乐趣。摄影＿ Amily

同时为顺应不同地区消费者的不同饮食习惯，幸福堂也做了菜单上的微幅调整，如北美地区盛行咖啡文化，遂添入咖啡系列饮品，东南亚则因气候炎热，当地人偏好于室内久坐休憩，因此加强了餐点品项的开发。

然而，当被问及是否担心开店速度过快，造成品牌泡沫化的情形？陈泳良自信地摇摇头说："过去许多泡沫化的案例都是因为品牌没有持续创新，对于市场的敏锐度及观察也都不够，绝不能自以为凭借着几项明星商品就能卖一辈子。"据他分析，幸福堂的优势即在于面对日益竞争的市场，依然能创造潮流、与时俱进，其编制内的研发部门时时都在集思广益寻求创意点子；而他自己则是一有空就随时浏览网络社交平台，定期追踪并主动发掘全球餐饮动向，或是阅读商业杂志，掌握世界趋势与各国经济发展现况。

幸福堂主力商品"焙遇幸福黑糖珍珠鲜奶"。图片提供__幸福堂

设计呼应人文地景，顺应时空弹性修正

寻着香气，实地走访幸福堂的街边店铺，映入眼帘的即是炒制黑糖珍珠的怀旧大灶；现场人员正卖力挥舞着锅铲搅拌，似乎每一下都能感觉到釜里的黑糖浆又更浓郁香醇了些。对此，陈泳良补充，店铺的台面高度设定，刻意不超过 80 厘米，其目的就在于拉近与消费者之间的距离，并营造开放式厨房般的场景，呈现干净、通透的明亮印象，其饮品制备流程一目了然，令人心安。

紧接着抬头一瞧，可望见造型屋檐、大红灯笼及高悬的匾额等文化元素，让人联想传统庙埕足音杂沓、热闹欢快之景象，亦呼应了品牌创始店由新竹城隍庙周边发迹的创业心路。

随着幸福堂不断求新求变的发展脉络与企业核心精神，目前的店铺设计已逐步转型成简约时尚风格的全新 2 代店，并在导入了纯白色的主视觉调性以及温润的木质纹肌理后，演绎出与 1 代店截然不同的空间风格，无疑又为品牌再次建立了崭新的里程碑；同时，亦埋下了引人好奇的伏笔，让人不禁思索其未来究竟又会受时势所趋，展现何等前瞻思维并如何具体落实，精彩可期。

店铺运营计划表

品牌经营

品牌名称	幸福堂
成立年份	2018 年
成立发源地 / 首间店所在地	中国台湾，新竹 / 北区
成立资本额	2.5 万元
年度营收	1.2 亿元
直营 / 加盟占比	直营 1 家，其余为加盟与代理
加盟条件 / 限制	无
加盟金额	21 万元，不含原料费用
加盟福利	生财器具设备、设计图、技术转移

店面运营

店铺面积	30 ～ 40 平方米
平均客单价	约 13 元
平均日销杯数	约 1000 杯
平均日销售额	不提供
总投资	不提供
店租成本	不提供
装修成本	依面积计算，以 17 ～ 24 平方米为例，约 2.5 万元
人工成本	不提供
空间设计者 / 公司	不提供

商品设计

经营商品	鲜奶茶、奶茶、果汁
明星商品	焰遇幸福黑糖珍珠鲜奶
隐藏商品	无
亮眼成绩单	创下日销 6000 杯之纪录

营销活动

独特营销策略	集点活动：集满 10 点，兑换 8 元饮品
异业合作策略	无

开店计划步骤

2018年 1月
成立幸福堂

2018年 8月
中国香港店开业

2018年 12月
加拿大温哥华店、中国深圳海岸城店、菲律宾店开业

2019年 3月
马来西亚梳邦再也店、中国澳门三盏灯店、中国澳门大三巴牌坊店开业

珍煮丹最初只是一间小小的摊贩，以一步一脚印的方式，最终于 2010 年，在台北士林观光夜市开展了第一间店面。图片提供_珍煮丹

文/王昭力、简子均、陈品文、陈昱如　资料及图片提供/珍煮丹

珍煮丹

提到黑糖饮品，多数人首先联想到的就是珍煮丹。招牌的黑糖珍珠与浓纯鲜奶融合在一起，饮入口中迸发出协调又不腻的火花，接着吸起珍珠，散发浓浓黑糖所熬煮出的迷人香气，风味让人难忘。然而能在"黑糖风潮"中占有一席地位，珍煮丹执行长 Kova 表示："一路走来真的非常不容易。"

品牌信息

"秉持着将珍珠煮成仙丹的精神，成为现在的珍煮丹。"从台北士林观光夜市发迹，以黑糖珍珠为主轴，经历半年以上的研发、反复调配比例，终于推出主打饮品"黑糖珍珠鲜奶"，递上最怀念的味觉享受，给予最幸福的滋味。以"服务、质量、态度"这3项核心价值及最初的理念，自始至终从未改变，坚持做到好做到位，使品牌物超所值。

最初品牌只是一间小小的摊贩，怀抱着想在饮品业这片红海做出独特滋味的梦想，以一步一脚印的方式尝试与学习，秉持好商品与品牌必须在人潮多的地方才能得到推广的精神，最终于2010年，在台北士林观光夜市开展了第一间店面。

在珍煮丹经营的这些年来，基于对消费者的强烈责任感，他们谨慎选择合作对象，把每一间加盟店都当作自己的主店在维护。其成员都需要经过长达8周的严格教育训练，并且在通过考核后才能开店。也因此，相较于其他饮品店，拓展速度较慢。"因为重视每一个伙伴，我们可以放慢成长，珍惜珍煮丹这个品牌的羽毛。"Kova 眼神中带着一股不容妥协的坚持诉说着。

以质量作为指针，咬牙坚持挺过食品安全风暴

作为中国台湾黑糖饮品专卖首创，在 60 多项产品中有 8 成皆与黑糖相关，而黑糖珍珠更是招牌与核心产品，因此，对于黑糖质量的把关成了珍煮丹最重视的环节之一。从初创开始，便选择亲手翻炒黑糖确保其质量与口味；为了优化原物料，更在 2018 年设立了食品级黑糖工厂，不仅在制造过程全无添加人工色素或化学添加物，更在每季都进行严苛检测。珍煮丹所有饮品内使用之黑糖均在自家调配

及生产，要求让消费食得安心，这也是它为什么能在黑糖饮品市场中展现突出的独特风味的主因。

尽管对质量与产品形象一直有高度的掌握，由于 2013 年的毒淀粉事件导致珍煮丹与整个饮料产业都遭受相当程度的打击。眼看着日销量硬生生减少了 8 成，当年珍煮丹创办人夫妻 Kova、Roan 面临食品安全危机风暴，便开始思索饮料业之外的出路，这也是为什么后来坚持设立食品级黑糖工厂的原因，唯有从源头才能做好把关。但，忆起自己成立珍煮丹的点点滴滴，再加上对品牌的信心，"我们的产品绝对没有问题，一定可以撑过去。" Kova 与 Roan 扶持着彼此，咬着牙撑过这场风波，也再次证明好的产品禁得起时间与市场的考验。

以浓浓中国风诉说空间表情

每一步都踏得谨慎而实在的珍煮丹，终于在深耕长达 10 年的时间后，决定迈向拓展之路。当时有许多代理主动邀约，光香港就有 6 ~ 7 组的代理商前来询问，内部几经讨论最终于 2018 年在中国香港成立首间店；到了这里，珍煮丹亦不改对质量的坚持，饮品制作上大都采用在中国台湾使用的食材与机器，而考虑到各地民众的口味差异，在饮料品项及口味的调制上，则会研发适合当地消费者口味的品项，以提升饮品的接受度；此外，其他地区店铺的负责人与员工，皆必须接受与中国台湾店相同严格的教育训练，一切的一切都是为了确保其他地区的消费者能品尝到好质量的饮料，以及相同的服务。

为了带给消费者与其他饮料店不同的购物氛围，珍煮丹在店面设计上也下足了功夫，什么样的素材能给人安心而温暖的感觉？与设计师多番讨论之下，决定以木头为基底，其特有的温润形象与独一无二的纹理，再搭配必备的中国风元素，成为店面的主视觉。然而为了带给消费者更多元的视觉意象，在不同地区的珍煮丹，尤其是国外分店，亦尝试依地方特色呈现不同的设计概念，期许站上国际之时能更接地气，同时也能与年轻族群更靠近。

珍煮丹主要经营商品为黑糖基底茶饮为主，
此分别为黑糖珍珠奶茶、奥利珍。图片提供
_珍煮丹

为了优化原物料，珍煮丹在 2018 年设立了
食品级黑糖工厂，不仅在制造过程全无添
加人工色素或化学添加物，更在每季都进
行严苛检测。图片提供_珍煮丹

通过饮品让不同的"温度"传递、延续

珍惜所有顾客对珍煮丹的喜爱，在一路成长的同时，珍煮丹也希望能通过店铺活动，在营利之余将珍煮丹的本心——"温度"回馈给社会。在父亲节与母亲节等节庆时，通过在网络社交平台让消费者有个能向父母诉说心底话的机会，并举办抽奖，利用 6 杯饮料与写着中奖人内心话的定制卡片，团队会亲手将满满的心意送到父母手中。

"一路走来，我们坚信着自己的初衷，信任珍煮丹团队的所有人，并坚持将产品做到最好，才得以成就了今天的珍煮丹。"Kova 表示，未来将持续发扬品牌价值观，让更多消费者知晓并喜爱珍煮丹。

店铺运营计划表

品牌经营

品牌名称	珍煮丹
成立年份	2010 年
成立发源地 / 首间店所在地	中国台湾，台北 / 士林夜市（大北路）
成立资本额	不提供
年度营收	不提供
直营 / 加盟占比	直营 8 家，加盟 27 家
加盟条件 / 限制	· 亲自经营不接受投资者，须具备积极、服务热忱、善于分享、影响力、冒险精神、自我反省、坚持、忍耐、诚信等特质 · 初步书面审核后须经过 2 ～ 3 次面谈方可确认
加盟金额	99 万元（包含所有生财器具、装潢设备）
加盟福利	· 店面商圈保障完整营销评估 · 专精研发制作团队研制口碑饮品 · 系统化教育训练流程高度优化门店经营能力 · 专业营销团队支持加盟店营销推广

店面运营

店铺面积	50 平方米
平均客单价	单人消费约为 20 元
平均日销杯数	不提供
平均日销售额	不提供
总投资	不提供
店租成本	不提供
装修成本	不提供
进货成本	不提供
人工成本	约 2.8 万元
空间设计者 / 公司	容诚驷有限公司

商品设计

经营商品	黑糖基底茶饮
明星商品	黑糖珍珠鲜奶
隐藏商品	泰泰奶茶加仙草
亮眼成绩单	测综合评比第一名，芋芋鲜奶初上市即造成抢购热销

营销活动

独特营销策略	· 父亲 / 母亲节网络社交平台留言抽奖，送礼送到家 · 微风南山限定菜单
异业合作策略	借由 Cherng 马来貘环保杯套吸引客流

开店计划步骤

2008年10月　开始筹备

2009年10月　开始运营

2012年1月　相关综艺节目采访报道

2013年1月　增加黑糖相关新品

2014年1月　第二家直营店信义店开业

2015年9月　开业 5 年，获利正式打平

2016年5月　开放加盟

2018年8月　其他地区第一站正式开业

2019年1月　首家百货店进驻微风南山 atré 商场

敦南本店的屋檐较低，走入时需要微微欠身弯腰，创办人童琳将此特点融入店铺设计中，营造浑然天成的日式风格。图片提供＿花甜果室

花甜果室

花甜果室诞生于 2015 年，有别于传统果汁店的形式，将新鲜现打的果汁、果昔与冰沙饮品重新包装，开创出健康、美感兼具的渐层饮品。创办人童琳表示："除了期待借此推广中国台湾当地蔬果到世界各地，更愿意以富有温度及弹性的交流方式，与消费者自然地分享及对话。"

文、整理／高子涵　资料及图片提供／花甜果室

品牌信息

自 2015 年创立开始，即在中国台湾饮品市场掀起热潮，因其独树一帜的风格及内容，成为日本、韩国等地观光客来旅行时指定品尝的当地蔬果汁，并被国内外各大媒体誉为"中国台湾果汁界的星巴克""中国台湾渐层果汁始祖""文青最爱饮品""令人少女心大喷发饮料选单"等。

中国台湾记忆中的果汁店，大多出现在夜市或传统市场中，以摊车贩卖的形式为主；再加上，我们从小都被灌输多吃蔬菜水果有益身体健康的观念，却鲜少看到新鲜且有益身心的饮品选择。谈及创业初衷，童琳借助自身经验观察，发现市面上美感及内容兼具的果汁店，并决心以此为目标，开启创业篇章。

开店的起心动念不仅只对市场的留心，也来自于对自我的追求，童琳解释："年轻人对世界都有一种理想的憧憬及期待，代表自我对生活的追求、对美的感知、对世界与自身的理解、对未来的期待，以及那些伴随着生命成长而不时冒出的彷徨与追寻。"创立品牌的过程，某种程度也像是在跟自己的生命经验对话，因就自身的深刻投入，相信能创造出与其他饮品的鲜明差异，期待吸引更多共鸣者，并建立出深厚的认同感。

克服心魔忠于自我，营造品牌独特风格

谈及创业挫折，最难以克服的是自己的心魔："创立品牌的过程，每天都在思索、判断与迅速做出各种决定；需要适应市场的快速变化，决定如何传递品牌理念、创新产品以及管理经营等。"她强调，正因为需要不断地进行决策，每个决定又关乎重大、影响至深，坚持"内在真实声音"显得更加困难，"我总是时时自我

提醒，对自己绝对要非常诚实，哪怕只是决定非常微小的一件事情，也要保持清透思考。"她也进一步分享，面对重大决策时常会借助独居数天、跑步保持与自我的对话，并通过写日记的方式，记录、厘清问题，以思考解决之道。

坚持自我信念，花甜果室成功营造独特风格，不论是饮品内容或设计包装皆深获年轻族群喜爱。童琳分享饮品研发过程："我们选用新鲜蔬果，开发果汁、果昔及冰沙等系列饮品，与市场上的茶饮、咖啡店做出区隔，希望提供消费者在日常饮食上的不同选择。"秉持为原物料把关的严谨精神，花甜果室持续推陈出新，成功开发出各式具实验精神的经典饮品，以"芭比情归何处"为例，便是一款由莓果混合燕麦的渐层果昔，提供美味与健康之余，颜色创意，为商品注入梦幻感受，也因为其十足的饱足感，成为许多上班族的代餐选择；此外，"她，与他的香水味""星空蓝莓冰果乐""念念恋恋""莓果桃花运茶"与"初恋百香柠乐"等饮品，从命名、口味设计到视觉呈现都别具用心，各有铁粉支持，还有原创又趣味十足的饮品内容，深受年轻人青睐。

顾客回馈纳入考虑，强调设计因地制宜

除了对饮品内容的创新坚持，花甜果室大量运用花卉、植物、蔬果、诗篇以及日式绘画等元素在设计之中，并以简约且富含趣味作为设计方向，再创自我特色。童琳说："我们会集结众多网友定义花甜果室的词汇，依此决定设计轮廓，其中包括单纯优雅、诗意、土地情怀以及梦想等。"将搜集而来的顾客评论作为重要的设计方向，除了加深品牌与顾客之间的联结，也创造出独一无二的品牌形象。

此外，设计方向影响着店铺的最终呈现，童琳表示："一家店的氛围如何掌控，因地制宜相当重要。"她进一步说明，最初在设定店铺调性时，是规划成欧洲风格的复古小店，实地勘察店铺环境条件后，才改以京都咖啡小店的风格塑造氛围："敦南本店拥有可爱的低矮屋檐，只要是身高 175 厘米以上的人，走进去时都需要微微低头，我直觉认为这样的门宽屋檐，非常适合日式风格的店铺设计。"正

花甜果室的敦南本店，以大量的花艺装点提升整体视觉温度，希望顾客来此能感受到清新、放松的氛围。
图片提供＿花甜果室

创办人童琳认为在创业过程中，倾听内在真实声音相当重要，并肯定自我一路以来的坚持，因此成功塑
造出独一无二的品牌风格。图片提供＿花甜果室

因重视店铺与环境之间的关系，当机立断改变最初设计方向，最终以日系视觉作为品牌风格，完成接下来的设计，"我认为店家所代表的风格很重要，唯有拥有风格，才不会被市场淹没，也才是未来的识别趋势"。

重视"有感"服务，提高顾客回购率

回归服务层面讨论，童琳认为，从事餐饮服务业，必须对任何事情都要"有感"，特别是在与顾客服务交流的当下，"抽象的'有感'，无法靠标准流程加以规范与教育，许多优质的服务都来自员工对于'感同身受'的自觉；这种自觉，不该只存在于少数主管或经理人心中，而是必须存在于每位站于前线的员工心中。"童琳说。比起工作经历，她更重视人格特质，依循对每个员工的理解，给予合适的教育训练及帮助。

此外，她也强调："提供给员工适度的决策空间，能提升对工作的责任感，进而自动自发完成每个大小任务。"建立员工间的信任关系，能够创造更好的服务质量及工作效率，进而带给顾客美好的消费体验，同时开发新客，亦稳固老顾客的回购率。

开店步调稳健，期许成为当地蔬果汁标杆

花甜果室除了位于台北东区的敦南本铺以外，高雄驳二栈贰库店也于2018年开业，刚开业即受到"花甜迷"热烈欢迎。图片提供_花甜果室

花甜果室用心设计饮品，此款"她，与他的香水味"融合火龙果、苹果、手感优格、蜂蜜以及蜜椰丝，不仅造型吸睛，口感层次也相当丰富。图片提供＿花甜果室

谈及未来发展，童琳表示，目前除了位于台北东区的敦南本店外，2018 年也于高雄开业第 2 间直营店，2019 年也已在台中开店，服务中国台湾中、南部地区的"花甜粉"；在加盟的经营策略上，童琳认为："2019 年首度开放限量加盟，在能有效掌握品牌专业度、口感稳定度、形象风格度的前提下，找寻对品牌有高度认同及对创业有兴趣的合作伙伴，协助其完成创业之路。"

童琳强调不会为冲高营业额迅速开放加盟，而是坚持质量、持续创新，以稳扎稳打的脚步向外发展；童琳响应："其实陆续都有收到许多代理权的询问，目前则都还在洽谈阶段，最终目标仍希望将花甜果室的品牌精神与创意健康饮品带到世界各地。"除此之外，花甜果室也将陆续造访本土蔬果产地，着手开发多样化的伴手礼品，在带给消费者更多丰富有趣的消费体验之余，也期许品牌成为生活感浓厚的当地蔬果汁标杆。

店铺运营计划表

品牌经营

品牌名称	花甜果室
成立年份	2015 年
成立发源地 / 首间店所在地	中国台湾，台北 / 市区
成立资本额	不提供
年度营收	不提供
直营 / 加盟占比	不提供
加盟条件 / 限制	· 曾至花甜果室消费过，并对花甜果室品牌精神、经营模式及形象产品具有认同度 · 加盟者必须为经营者，接受总部教育训练，且通过专业测试．对餐饮业有兴趣并对服务有基本认知，具有管理能力者优先 · 自备金额 38 万～ 47 万元以上（含投资金及运营周转金） · 了解连锁加盟制度的精神与意义，以团队秩序为重
加盟金额	可来信询问
加盟福利	可来信询问

店面运营

店铺面积	23 ～ 40 平方米
平均客单价	约 21 元
平均日销杯数	200 ～ 350 杯，视季节及淡旺季而有不同
平均日销售额	4200 ～ 8200 元，视季节及淡旺季而有不同
总投资	47 万元
店租成本	3 万～ 3.7 万元
装修成本	设计与装修 14 万元，设备费用 12 万元
进货成本	不提供
人工成本	不提供
空间设计者 / 公司	花甜果室有限公司

商品设计

经营商品	新鲜现制的天然果汁、奶昔、冰沙、果茶与日式冰品
明星商品	芭比情归何处、念念恋恋、米开朗琪罗的缪思
隐藏商品	无
亮眼成绩单	"芭比情归何处"年销售 20 万杯

营销活动

独特营销策略	花甜果室年度限量吉祥徽章，可享全年品牌优惠：全年消费全品项九五折、季节新品免费抢先饮，每月 4 号"花甜品牌日"全品项买 1 送 1，7 月品牌生日月享独家优惠活动，亲亲独享生日礼 1 份，12 月岁末品牌礼 1 份
异业合作策略	与各产业质感品牌推出联名饮品

开店计划步骤

2015年 3月
开始筹备

2015年 7月
台北东区敦南本店正式开业

2015年 9月
以创意营销手法维持市场热度

2015年 12月
面临季节转变开发新品因应市场需求

2016年 3—5月
开店 1 年即达损益两平、快速回本与获利。有"果汁界星巴克"美称，成为打卡热点

2017年
联名提高知名度

2018年 3月
高雄驳二栈贰库店直营店开业；开放海外代理

2019年 1—3月
开放加盟；规划品牌购物官网。陆续在台中市开店；拜访中国台湾蔬果产地，开发多样伴手礼

兔子兔子茶饮专卖店执行长方奕胜。摄影＿ Amily

李奕霆／文　摄影／Amily　提供图片暨资料／兔子兔子饮茶专卖店

兔子兔子茶饮专卖店

由美式餐厅发迹、转而跨足饮品事业的兔子兔子茶饮专卖店，通过将异国美学导入产品及空间设计的差异性策略，成功在发展日渐白热化的市场中脱颖而出，树立品牌创新典范；近期甚至成立设计公司，持续怀抱多角化经营的丰沛能量，在餐饮商空的未知蓝海中竞逐一席之地。

品牌信息

自 2015 年成立以来，凭其品牌崭新的研发力与设计力，无论在商品外观、包装造型或空间视觉上，皆一次次地在市场中引发热议，备受各界关注；同时亦坚守产品质量及服务，以世界精选茶叶、高度客制化流程，致力于提供消费者美感与风味兼具的优质茶饮。

时光拉回2009年，年纪仅24岁的兔子兔子茶饮专卖店（以下简称兔子兔子）首席执行官方奕胜，在台北东区创立了首家同名美式餐厅；短短3年内即迅速开店至4间，后来甚至对外开放加盟，现则成功转型早午餐专门店。2015年，兔子兔子正式进军饮品市场，陆续发展到美国等地，亦正筹备前往加拿大、日本、澳大利亚与东南亚等国家拓点，布局广阔；直至今年，再度推出最新2代店，创新脚步之快，恰呼应了其品牌名称动如脱兔之意象与野心。

观测消费风向，精准切入市场缺口

谈及创业契机，方奕胜回应，学生时代便曾在厨房打工，逐渐对餐饮产生兴趣；再者平时就喜爱搜集室内装修、设计相关信息，同时涉猎 CIS 企业识别等品牌、平面设计，综合上述种种，遂期盼有朝一日能够实现开店梦想。

不过，又是如何进一步跨足饮品业版图？原来方奕胜得益于当年美式餐饮品牌开放加盟的经验，因缘际会接触了加盟产业，促使他思考，"还有哪些行业可按此模式拓展？"他发现，和餐厅须建立较繁复的 SOP 相比，饮品店门槛较低，其管理之建构也相对方便快速；再加上 2015 年，市场上仍未有从 LOGO、产品、包材到店铺皆具完整一致性的新兴品牌出现，设计方面大致上离不开日式禅风与中国新古典风，所以设计的差异化或许是潜力切入点，便决定异国质感的氛围营造着手，做出品牌特质。

以主力商品"世界珍珠奶茶"为例，即提供上品金萱、黄金鞑靼荞麦、翠芽青茶、八号翡翠绿茶、蜜香红乌龙茶、锡兰红茶、格雷伯爵红茶、蓝色淑女伯爵、泰式茶叶等，来自不同国家及地区的 9 款精选茶叶，变幻出日式、英式、意式、泰式等多重风味。另一方面，也通过有别于其他品牌较不常见的黑、黄主配色，来塑造空间及包装视觉的沉稳贵气，并延续过去美式餐厅大量使用的兔子元素，快速串联、强化品牌形象。

营销策略上，兔子兔子在最初就明确锁定年轻族群，因此店内除固定式菜单外，亦不定期研发强调外观的季节限定商品，吸引顾客尝鲜。方奕胜也观察，在竞争激烈的饮品店市场中，单打独斗必然艰辛，所以在跨界联名于业界尚不普及时，兔子兔子很早便积极向外寻求异业结合的可能，例如 2015 年品牌成立还未满半年，即推出"艾丽斯梦游仙境限量杯装"，来年继续与日本知名漫画《抓狂一族》合作，成功引发热烈讨论，带动销售增长。

吸引多元客群，品牌设计破茧跃进

然而，就在品牌的经营与发展渐趋成熟之际，方奕胜不禁开始思索，该如何于维护基本盘的同时，扩增其客群年龄层的广度；于是循此脉络思考，兔子兔子 2 代店因此而生。其中，为了与 1 代店新颖潮流的调性形成歧异化，并提升民众普遍的接受度，2 代店特别采用糅合了东西方意象的拼贴手法来诠释，如点餐区置入仿古老洋行的格窗柜台，仰赖工法细致的典雅造型及线条，传达隐隐亲切感，与一旁示意性的绿色瓷砖贴皮共演怀旧气氛。

色调选择则尽量维持品牌识别性的黑、黄色为主，但为避免整体视觉显得过于现代抢眼，遂将黄色改为沉稳的雾金，并随机转化成窗花纹饰呈现，既能表达低调奢华的中性质感，又与原始的黄色有所联结。另外，也针对门面的柱状结构进行部分挖空，填入品牌杯装、辅以透明材质，堆叠出别具巧思的趣味陈设。

2代店（上图）的整体视觉主打典雅内敛，与1代店（下图）所要求的简约时尚形成两相对照；然而彼此虽看似独立，却又能于色彩、材质等各细节处相互呼应，塑造串联整合的品牌形象。摄影＿Amily，图片提供＿兔子兔子茶饮专卖店

然而，兔子兔子始终不忘其独具实验精神与创意玩心的品牌本质，即便 2 代店的总体设计要求内敛温婉，却还是大胆地在外侧墙面装点巨型霓虹灯饰，通过兔子手拿珍奶的简单意象，表述直接鲜明的冲突美学，为热闹街角制造亮点，不仅引起行人好奇驻足，亦供消费者拍照打卡。

整合团队优势，迈入多角专业经营

近来，拥有丰富创业经历的方奕胜，也借重"兔子兔子"编制内的团队，成立了兔子很有钱装潢工程有限公司，担任餐饮品牌顾问，提供从 CIS 企业识别设计、空间规划到装修工程等一站式服务。当被问及其原因，他解释团队对于商业空间设计其实一直怀有源源不绝的点子，但苦于不太可能完全跳脱原本框架，一味替自家品牌导入全新模式，因此经由协助他人，才能真正拥有将想法彻底落实的机会。

兔子兔子 2 代店以专属的雾金色呈现窗花图腾纹饰，以及墙上独富童趣的缎带图样，营造出特有的低调奢华质感。摄影 _ Amily

兔子兔子 2 代店的柱状结构采部分挖空，并填入堆栈杯装、于表面覆上透明材质，形成妙趣横生的陈设装置。摄影 _ Amily

兔子兔子不定期推出季节限定饮品，此为推出了浓郁黑糖珍珠的"布朗珠珠黑糖鲜奶"。图片提供＿兔子兔子茶饮专卖店

店铺外侧立墙以巨型霓虹灯为寻常街景增添醒目装饰，吸引行人好奇上前。摄影＿ Amily

也正因为如此，兔子兔子的加盟者并不受制式的格局所限，不论是小巧精致、仅16.5 平方米大小的街边店，甚或是附设 100 平方米客席区的挑高双层店型皆可操作；惟小空间在前、后场的安排上较缺乏弹性，其点餐区与茶饮制备区必须划设在同一格局之中，并搭载层架或隐藏式层板使用，灵活扩充收纳。

对此，方奕胜补充，理想的状态下，店铺基地宽应至少 3.5 ～ 4 米、深 6 米以上，其内部才能有较妥善的格局分配；此外，须特别留心替主要出入走道预留约 90 厘米的动线宽度，利于日后硬设备的维修替换，万不可在设备进驻后便将其封死，衍生搬运上的麻烦；吧台等大型设备的挑选，也应尽量以组合式为主，方便现场组装、拆卸，否则一体成形式吧台可能长达 2.5 ～ 3 米，容易产生进得来却出不去的窘境。

由此延伸至选址思维，方奕胜建议，考虑饮品店对消费者而言，属于重视取得是否便利的附带式餐饮，其性质又较平易近人，不妨以小吃密集度高的区域为首选。他亦提醒，有志创业者在面对商业空间设计时，须避免套用由实用出发的住宅规划思维；毕竟对商业空间来说，选址尤其重要，加上好的店面可遇不可求，现实情况往往必须取舍，仅能以地点优先，后续再设法设计尽可能补足先天功能上的缺失，成就出面面俱到的魅力店铺。

店铺运营计划表

品牌经营

品牌名称	兔子兔子茶饮专卖店
成立年份	2015 年
成立发源地 / 首间店所在地	中国台湾，台北 / 中正区
成立资本额	47 万元
年度营收	352.5 万元
直营 / 加盟占比	直营 1 家，加盟 10 家
加盟条件 / 限制	·加盟者须为创业资金充足、具良好信用纪录、对餐饮业保有高度热忱及对创业怀有超高企图心者 ·营业项目：茶饮、鲜奶茶；人力需求：3～6 位；合约年限：3 年 ·训练实习：加盟主亲自学习，并派遣至少 3 名人员至受训分店培训，时数达 225 小时，另需 1 天 7 小时作业学习，每周排定休假日，未通过考核者需延长学习时间
加盟金额	31.7 万元起，不含原料费用
加盟福利	完整教育训练、开业部分物料赞助，各店自发性营销活动由总部协助设计、规划、宣传

店面运营

店铺面积	100～165 平方米
平均客单价	11.3 元
平均日销杯数	约 600 杯
平均日销售额	约 6768 元
总投资	31.7 万～42.3 万元起
店租成本	2.4 万～4.7 万元每月
装修成本	设计装修 11.8 万～16.5 万元，设备费用 11.8 万～16.5 万元
进货成本	约 7.1 万元
人工成本	1.7 万～1.9 万元
空间设计者 / 公司	对厝室内设计、兔子很有钱装潢工程有限公司

商品设计

经营商品	精选茶品、珍珠奶茶、世界鲜奶茶、纤果特调
明星商品	荞麦青茶、上品金萱茶、英式格雷伯爵茶、英式格雷伯爵鲜奶茶、蓝色淑女伯爵鲜奶茶、日式荞麦鲜奶茶、金萱鲜奶茶、兔子经典水果茶
隐藏商品	无
亮眼成绩单	英式格雷伯爵鲜奶茶中国台湾门店年销约 73000 杯；上品金萱茶中国台湾门店年销约 67000 杯

营销活动

独特营销策略	· 门店开业庆鲜奶茶买 1 送 1 · 门店自发性活动：买 3 送 1、第 2 杯半价等 · 外送满 10 送 1 · 集点活动：消费 8.2 元即可盖章 1 点，集满 10 点即享 5.9 元折扣优惠 · 不定时促销活动及推出季节与节庆限定饮品
异业合作策略	2015 年"艾丽斯梦游仙境限量杯装"、2016 年《抓狂一族》联名计划等

开店计划步骤

2009年 7月
成立兔子兔子美式餐厅

2014年 6月
首创美式餐厅品牌加盟，开启兔子兔子体系加盟创业指导之新兴市场

2015年 8月
成立兔子兔子茶饮专卖店

2018年 5月
成立兔子兔子茶饮专卖店美国加州门店、中国香港铜锣湾门店

2019年 1月
成立兔子兔子早午餐专门店

2019年 2月
成立兔子兔子茶饮专卖店之公馆 2 代概念店

十杯极致手作主打新鲜、多元的牛奶选择，并将牧仓门的概念融入店铺、辅以旋转式设计，新意十足。摄影＿ Amily

十杯极致手作茶饮

创立于 2013 年，十杯极致手作茶饮创办人李宏庭眼光独到，观察出市面上的饮品店虽然会提供多元茶种选择，却只使用口味单一的连锁品牌牛奶，于是，将多样化的牛奶选择作为品牌最大特色，开始与各地小农牧场接洽、合作，推出使用牧场直送新鲜牛奶的"牧奶茶"系列，成功在竞争激烈的饮品市场，打造出独一无二的品牌地位。

文／高子涵　摄影／Amily　资料提供／十杯极致手作茶饮

116

市面上常见的连锁饮品店，多半注重饮品内容，没有提供内用座位；有些较大的店，附座位、提供扑克牌与桌游，氛围好，很适合朋友相聚，但饮品就不是重点。李宏庭表示，自己相当喜欢和朋友到饮料店聚会聊天，却发现兼顾饮品质量，又拥有舒服氛围的饮品店少之又少，"当时和朋友也是在饮料店玩着扑克牌，聊到干脆开间饮品店，用扑克牌的王牌黑桃 Spade 当作店名；如果我们把饮料做得好喝，又提供温馨的环境，生意一定会很好。"有心无意的一句话，让李宏庭开始认真思考自创品牌的可能，"Spade 是整副扑克牌里面最好的牌，音译中文'十杯'有着中文字方正的对称美感，语意又可以直接跟饮品联结。"意外地欣赏朋友随口说出的名字，让李宏庭正式开启自创品牌之路。

并非餐饮出身的李宏庭，在决心创业后便开始广泛了解各种开店知识，其中，该选择何种牛奶品牌让他相当困扰，"计划开店时，全中国台湾的饮料店只用光泉跟林凤营 2 家品牌的牛奶，我个人偏好光泉，但当时林凤营的品牌形象更好。"于是，李宏庭公开在网络上征询各方意见，获得出乎意料的回复，除了原有 2 间主流品牌各有人喜欢外，更多人分享自己喜爱的小农鲜奶，"我想了想发现，为什么 1 家饮料店只能用 1 种牛奶，不能有更多种选择？那我是不是可以提供更多种牛奶，让大家自行选择自己喜欢的那一种呢？"虽然当时无法预估这样的做法是否可行，李宏庭却直觉地发现这是能与其他品牌不同的一大特色，行动力十足的他，隔天就开始着手与全台小农牧场接洽。

不怕牛奶成本高，坚持初衷创造独特卖点

"当时根本没有人会找牧场牛奶接洽，对方也没有经销商，电话询问是否可以配送时，不是得到傻眼的响应，就是说他们牧场牛奶成本很高，要开饮品店怕我承担不起。"李宏庭分享前期与牧场联系上的困难，无法达成最初设定至少十几种牛奶的目标，一来是因为没有这么多牧场可以配合，二来则是得从中挑选出牛奶的差异，最终，正式与5间牧场敲定合作。李宏庭笑着说："现在很庆幸自己没有挑到十几间，因为牛奶的保存期限短，量要抓在刚好1周，不能叫多又不能太少，还得同时跟不同牧场叫货。"牛奶成本高，保存期限较短，如何精准叫货相当具挑战性。

注重店铺与当地区域之间的关系，十杯极致手作茶饮有计划性地在台北各大商圈逐步扩点，此为第2间直营门店，位于台北的公馆商圈。摄影_ Amily

十杯极致手作茶饮创办人李宏庭，强调喝饮料最重要还是开心，期待未来继续提供幸福感十足的饮品给大家。摄影_ Amily

谈道创业过程中的困难，李宏庭表示，做生意最大的挫折就是不赚钱，没有比不赚钱更大的挫折了，"经营初期没有多余的钱做营销宣传，怎么在一开始让大家愿意尝试也很困难。"他接着分享品牌最大的转机点，"2015 年林凤营事件暴发，突然间大家都开始关心牛奶源头时，我们已经在这一块比较有名气。"李宏庭进一步说明："现在几乎所有饮料店都陆续跟小农牧场合作，而且都是我们挑选过的牧场，可以说跟小农牧场合作的风潮是我们带动的。"除了肯定自我的经营策略外，李宏庭也强调塑造品牌独特性的重要，"要让消费者选择你一定要有独特性，必须有个非你不可的原因，不然的话喝什么都一样。"

稳固企业根基，策略性扩点计划周全

以稳健的脚步经营品牌，李宏庭目前已在台北拥有 3 间直营店，"我自己是比较稳健的人，希望站稳每步再向前。"2013 年创立首店于新北市永和区，稳定经营三四年后，相继于公馆及永康商圈扩点成功，未来也将有计划地逐步扩张，目标希望能在各大商圈都能有 1 间店；他说明，好的店有办法带动区域发展，当优质店家进驻、经营成功后，自然会吸引其他品牌投资，进而创造逛街潮流，让该区更热闹，"我的选点策略会尝试找商圈中次一等级的街区，预计最好的状况是在 B 级的地段做出 A 级的店。"

此外，李宏庭也分享人事管理原则，"我比较少外聘人员，负责教育训练、品牌规划的人都优先内部的人。"强调要提供员工适性的发展空间，"学习对员工来说也是新鲜的，有时候工作内容并不一定符合他的天赋，对我们来说需花费较多时间辅导。"从企业角度出发，希望内部员工经由学习升迁，而非直接聘请专业人士的坚持并非优势，但李宏庭仍鼓励也乐见员工自主学习，期待借此提升团队的稳定性及向心力。

他表示，2016 年开始就陆续有许多人表达加盟意愿，直到 2019 年 1 月才正式开放对外加盟，就是希望让内部组织更稳定。谈及未来方向，李宏庭表示："现阶

十杯极致手作茶饮提供好喝饮料以及温馨的环境，即使在平日午后，室内的顾客数量仍旧相当多。摄影＿ Amily

段最重要的是把第 1 波加盟合作稳定下来，诚恳跟信用很重要，既然我们都开放加盟了，也有人愿意来跟我们合作，我们就有义务好好辅导他们。"强调会严谨挑选加盟伙伴，全力给予协助支持，让加盟主最终能有所获得最为重要。

不忘创业初心，喝出饮料幸福感受

回归服务核心，李宏庭表示："饮料不是民生必需品，有时候就是买一个幸福感，如果你买饮料碰到服务态度很差的人，那你买了一肚子怨气，那杯饮料就真的没意义。"他强调服务要体贴、诚恳，在不影响员工自尊和其他客人公平权益的状况下，愿意尽可能满足顾客的要求。

"我们不在乎翻桌率，甚至有客人从早待到晚，也提供插座，让大家可以放松，店内氛围也是希望热闹一点。"最后，李宏庭仍强调创业初衷，希望开 1 间既能同时享受舒服氛围，又提供优质饮品的店，因此，坚持每间门店都有座位、桌游以及扑克牌。"奶茶本身就是一个欢乐的东西，应该带来更多快乐，欢迎大家来享受内用座位，轻松喝饮料、聊天，无须拘束。"

店铺运营计划表

品牌经营

品牌名称	十杯极致手作茶饮
成立年份	2013 年
成立发源地 / 首间店所在地	中国台湾，新北 / 永和区
成立资本额	4.7 万元
年度营收	235 万元以上
直营 / 加盟占比	直营 3 家，加盟 0 家
加盟条件 / 限制	欢迎欲加盟者洽询
加盟金额	欢迎欲加盟者洽询
加盟福利	欢迎欲加盟者洽询

店面运营

店铺面积	各店状况不同
平均客单价	不提供
平均日销杯数	不提供
平均日销售额	不提供
总投资	不提供
店租成本	不提供
装修成本	不提供
进货成本	不提供
人工成本	不提供
空间设计者 / 公司	不提供

商品设计

经营商品	茶饮、奶茶
明星商品	牧奶茶
隐藏商品	混搭牧奶茶
亮眼成绩单	近半消费者均选择牧奶茶，成功打响小农牧场鲜奶名声

营销活动

独特营销策略	· 领先趋势，带动当地小农牧场鲜奶的潮流 · 跳脱框架，不单有好喝牧奶茶可外带，更可以于店内与三五好友在舒服的座位上开心相聚，甚至可以玩桌游、看漫画 · 为解决顾客牧奶茶选择障碍，于永康店设置拉霸机，让顾客转到什么牧场喝什么
异业合作策略	2017 年推出合作黑啤包装

开店计划步骤

2012年	2013年	2016年	2017年	2018年	2019年
发展产品及品牌文化，探寻优质原物料	正式开业	单店月营收破百万	公馆 2 号店设立	永康 3 号店设立	正式开放加盟

春芳号华美风格深受都会区上班族喜爱，台北台电大楼门店因为拥有宽敞门面，是目前唯一拥有内用座位的门店，店内设有简易座位、免费插座，为顾客提供短暂休憩空间。图片提供＿春芳号

春芳号

2014 成立于台中，饮品店品牌春芳号，以"一番好茶，满面春风"作为核心标语出发，迅速展店。创办人林峻丞因就自身对饮品的喜爱投入饮品研发，并与太太李冠璇联手合作，将夫妻俩偏好的华丽复古风完美呈现，强调喝饮料不只是一种味蕾飨宴，更应该是一场美感体验。

文／高子涵　图片资料提供／春芳号

品牌信息

创立于 2014 年，以父亲为名纪念，期许这是个具传承意义、有情感又创新的品牌；通过选用当地食材，包括地瓜以及紫薯等，开发创新饮品，并将华丽复古风格融入于整体设计之中，深受都会区上班族喜爱。

学生时期，几乎每天早晚都要喝饮品店的饮品，甚至愿意从大学骑车到逢甲商圈，30 分钟的车程只为了买到 1 杯饮料。林峻丞分享，创业的初心全来自对饮品的依赖及痴狂，期待以实际行动响应求学阶段对饮料的单纯喜爱；自创品牌无法仅凭热情，回归现实层面讨论，李冠璇表示："过去在大型连锁品牌担任管理职，累积许多年的工作经验，让我有十足信心投入饮品产业能够创造不同。"深厚的经营基础，加上不想模仿市场既有形式的坚持，开启夫妻俩的创业之路。没想到在异地创业并非想象中容易，在缺乏人脉、地缘的情况下，春芳号的经营初期格外辛苦，夫妻俩从零开始累积经验，找寻契合团队、筛选适宜厂商，一点一滴打造出春芳号现在的完整面貌。

"5 年前是没有人把地瓜、紫薯放进饮品里的，如果有加入地瓜或紫薯，一定是有来过春芳号。"谈道品牌独特之处，李冠璇充满自信地分享，最初决心跨入饮料产业、思索品牌定位时，观察市场上还未出现以地瓜、紫薯作为基底原料的饮料。因此，林峻丞遂将对饮料的热情投身到产品开发中，多方寻找当地食材作为品牌的核心商品，开始接洽原料供货商、投入产品研发。

提到创业以来的最大挫折，李冠璇表示，初期因为经验不足，遇到缺乏诚信的厂商，提供库存品或甚至劣质品，整间店的软件、硬件几乎皆换过一轮，过程中损失很大，却也有意外收获，她举例说明："芦荟是当地相当冷门的原料，也是春芳号目前卖得最好的系列，当初其实是原物料厂商硬把冷门库存品塞给我们，只好想办法用有限的材料创造创新口味。"正因为坚持信念、乐观面对困难，危机最终得以化为独特商机；林峻丞也补充："研发配方没有快捷方式，从煮茶、糖度调整，乃至于所有原物料的添加，只能凭借经验一杯一杯尝试、调整。"通过反复测试，善用如芦荟、地瓜以及紫薯等平凡的原料，奠定了春芳号在饮品市场与众不同的亮点特色。

"花"意十足，店铺设计兼具实用与美感

除了选用当地食材，增添饮品新意之外，起名"春芳"似乎也传递出乡土情怀之美，谈及取名由来，李冠璇解释，看似典雅秀气的"春芳"，其实是以公公名字命名，用以纪念亲人之余，也额外增加几分温度、蕴含祝福之意，同时，于字尾冠上"号"一字，期许品牌能深耕市场、长远流传。

延伸"春芳"二字予人春风和煦的印象，夫妻俩结合华丽复古风格于设计中，并大量将"花的意象"落实于设计中，大至店铺景观呈现，小至周边文宣商品，打造出风格一致的浪漫氛围。李冠璇说明："我们设定这是古代的饮料店，希望来访客人能有穿越时空的复古感受，也会适时融合花墙设计，让顾客像被花包围一般，放松聊天、拍照。"除了避免使用带有科技感的灯片，维持传统味道之外，也注重细节，选以立面烫金的招牌增加造型感，以及南方松木材铺设地板增添氛围，不惜成本将巧思心意完美呈现，才得以塑造出美感十足的品牌形象。

回归实用层面讨论，林峻丞分享："多半饮品的吧台都是外露式，通常不是夏天很热，就是冬天很冷，所以我们希望设计团队隔出一个小空间，让员工可以在里面有比较好的工作环境。"因此，除了出餐口设计成镂空开放之外，其余吧台空间则以简约的金边窗框包覆，出于贴心的设计，意外地让店铺整体设计更完整精致。此外，李冠璇也分享："饮品店的工作经常需要一人承担多任务，接单、服务顾客以及做饮料等工作接续不停。"因此，她认为规划出合宜动线相当重要，兼具美观又能让工作流畅顺手，是饮品店在规划工作区域时首先要考虑的。

春芳号将"花"的意象融入店铺设计，期待顾客不只是喝杯饮料，也能同时体验古代饮料店的风雅韵味。图片提供＿春芳号

踏实经营品牌形象，强调体贴待客

目前中国台湾共有 16 间春芳号门店，其中又以北部居多，"正因为品牌使用至亲的名字，我们希望他是能长久经营的，因此，不管是加盟者或代理商，我们皆会严格筛选，与有运营能力，且认同品牌理念的团队合作，让春芳号进入不同地区，深耕当地。"林峻丞表示，春芳号刻意放慢展店速度，通过沟通找到志同道合之加盟者相当重要。谈道扩店的经营术，李冠璇强调："开店第一个月是关键，也是加盟者最不安的时期，所以我们训练出几个有督导能力的伙伴，通过现场支持给予实际指导，稳定店内状况也及时解决问题。"她进一步分享，内部团队是否和谐，会影响工作氛围，最终顾客是会感觉到的；于内于外提供加盟者客制化的顾问服务，是为品牌形象把关且建立顾客信任的关键。

提及品牌的服务哲学，李冠璇分享："秉持将贴心的服务标准化为我们服务的核心原则；例如，在不同时间、情况提供合适问候，如果顾客在吃饱饭后光顾，我

春芳号善用在地食物,如地瓜、紫薯等原料,其中、紫薯珍珠鲜奶绿的独特口味获得许多好评。图片提供_春芳号

为完整呈现古代风味,春芳号选择立体雕刻招牌,并选以质感配件点缀、细节处皆可见其用心。图片提供_春芳号

们就不会推荐地瓜、紫薯等较有饱足感之饮品;又如果,遇到妈妈带着孩子,就会优先推荐适合小朋友喝的冬瓜茶或牛奶系列。"除了顺应不同时间、情况主动亲切地招呼顾客外,春芳号也会顺应季节、区域特点,推出限定杯款及相关周边商品,如文件夹、扑克牌、红包袋及扇子等,强调饮料不只着重内容,也能传递、塑造一种精神氛围,通过推出多样化商边产品,不但能创造话题,亦能深化与顾客间的互动交流。

优化、开发商品,展望未来

"优化现有饮品,同时研发新品满足顾客需要,将是春芳号未来的方向。"李冠璇表示,除了希望将现有的特色饮料,如紫薯珍珠鲜奶绿、地瓜珍珠鲜奶茶以及玉荷青芦荟蜜等产品持续推广出去之外,也会为推出季节性商品着手市场调研、检视销量,借此开发更多元的特色饮品。

她也分享,春芳号就像自己苦心经营的孩子,从品牌定位、产品开发,乃至风格设计皆坚持原创、亲力亲为地灌溉使其成长;除了肯定品牌的独特性之外,也期许品牌未来持续成长,将春芳号的华丽风格、美好滋味,分享至世界各地。

店铺运营计划表

品牌经营

品牌名称	春芳号
成立年份	2014 年
成立发源地 / 首间店所在地	中国台湾，台中 / 创始店大墩商圈，总店台中市火车站商圈
成立资本额	约 235 万元
年度营收	2350 万元
直营 / 加盟占比	不提供
加盟条件 / 限制	欢迎欲加盟者洽询
加盟金额	欢迎欲加盟者洽询
加盟福利	欢迎欲加盟者洽询

店面运营

店铺面积	30 平方米以上
平均客单价	不提供
平均日销杯数	不提供
平均日销售额	不提供
总投资	不提供
店租成本	不提供
装修成本	不提供
进货成本	不提供
人工成本	不提供
空间设计者 / 公司	不提供

商品设计

经营商品	茶饮品
明星商品	玉荷青芦荟蜜、地瓜珍珠鲜奶茶、冬瓜柠檬珍珠
隐藏商品	无
亮眼成绩单	会卖芦荟的茶饮店，首创花花杯设计，茶饮界的星巴克

营销活动

独特营销策略	满额赠送文件夹、春芳号设计小物，消费集点，打卡分享，依据节令更换商品与杯身
异业合作策略	带着春芳号去旅行，与旅行业跨界结合，与时尚服饰业跨界结合

开店计划步骤

2013年 9月	2014年 6月	2016年 11月	2017年 2月	2018年 11月
开始筹备	正式开业	设立分店	开放加盟，首家加盟店开业	外放授权代理

日日装茶店铺散发浓厚日式风格，吧台选用南方松提升整体温暖感受，斜横交错造型设计相当吸睛。摄影__ Amily

文／高子涵　摄影／Amily　图片及资料提供／日日装茶

日日装茶

曾经于饮品产业累积长达十几年经验，日日装茶副总经理陈钰宗凭借自身对市场的了解，同具有饮品研发专业的友人共同创业，于 2016 年创立日日装茶，将刨冰店可以自行选料的点子融入饮品设计，并强调天然配料，主打选用以人工现炒的虎尾二砂糖，建立品牌好评。

品牌信息

2016 年正式成立，坚持亲手调制的原料点心，将日式手做与中式特有的茶饮品文化"装"在一起，并将炒糖技术研发改良，主打带有焦香却不苦涩的"虎糖"系列茶饮，期待提供最自由的口感新体验。

饮品店产业竞争激烈，但我觉得市场还是有的，主要看怎么定位及操作。陈钰宗分享，因为亲身经历过饮品业刚起步的黄金时期，感受到当时想创业当老板的人好多，各家品牌的开店速度相当快，然而，却也因为盲目投入，未能正确评估市场需求，多数店家最终以经营不善歇业收场；尽管距离当时已隔十几年之久，饮品店品牌的推陈出新也更加快速，陈钰宗仍相信，市场还有发展空间，并时刻提醒自己以更严谨态度面对经营，"我们大概花了七八个月的时间进行前期筹备，及长时间的讨论，就是希望可以更清楚确认品牌的整体方向。"

"一家饮料店推出的产品，就代表其品牌的定位。"陈钰宗认为，现在时下的饮品花样太多，把握、提升原本就有的配料质量更为重要。于是，在商品研发上，采纳拥有丰富研发经验的创业友人的建议，选用虎尾二砂糖，与市面上常见的蔗糖做出区分，并坚持每天人工现炒，让饮料的甜味多了焦香气却不苦涩，最后，依照糖的产地命名饮品"虎糖系列"，设计出品牌最大亮点。除了主打天然炒糖，日日装茶也强调健康配料，包括手作布丁、芋头、虎糖蜜制珍珠以及红豆等，在生产端严格把关，希望带给顾客安心的消费体验。

改良茶叶泡制过程，优化工作效率

谈及创业过程中的挫折，陈钰宗表示："在商品研发方面，我们习惯听取业界专业人士的建议，反复调整研发方向。"为了精准抓到市场定位、确立品牌方向，团队投入大量时间参与设计讨论，这是过程中比较辛苦的部分，他以红茶举例说明，有的茶种有香气但没有韵味，有些则相反，若跟单一厂商进货，则很可能无法二者兼顾，因此选择亲自试茶、配茶，确保红茶能有丰富层次。此外，为了解决泡好的茶在茶桶中放置过久，容易氧化变得苦涩的问题，他也与团队研发瞬间降温技术，让泡好的茶叶停止发酵，保持口感一致。另外也设计美感十足的茶壶拉把连动内、外场，成功将煮茶区隐藏在后，让店铺造型更简约时尚之余，也减少烦琐的工作步骤，制作饮料时，只需要下拉把手装茶即可，"当初设计就是想用"装茶"方式，改良茶叶泡制过程。"

周全的设计也充分体现于动线规划中，陈钰宗说："先加料转身后下糖、拉茶，最后加入冰块，旁边刚好直接封膜，把制作步骤一起纳入规划，确保动线更顺畅。"饮品店的面积不大，应精准掌握工作流程，使空间效益发挥至最大；此外，他也分享对设计的坚持："吧台用的南方松，有白色跟绿色，当初找很多人帮忙测试，发现搭配灰色水泥墙，白色层次显得单调没有变化，反而是绿色层次就出来了。"不同的材质用料，会影响整个空间的质感，因其本身对设计的坚持，首次装潢时花费许多时间沟通，最终才得以成功营造出层次感十足的日式风格店铺氛围。

面对竞争激烈的饮品市场，日日装茶副总经理陈钰宗表示，用心做好每杯饮品最重要，期待以口碑营销方式稳固品牌形象。摄影＿ Amily

配合"装茶"概念设计独特的茶壶拉把，除了提升店铺造型美感之外，也让工作流程更方便。摄影＿ Amily

传统形式新包装，积极发展各地市场

日日装茶创立至今，在中国台湾总共有 7 家门店，并逐步开拓，目前在越南已有门店，陈钰宗表示："日本、泰国也正积极洽谈中，未来会继续努力。"整个发展策略，会依据不同地区的口味及文化，进行饮品内容的调整，"越南的口味偏甜，珍珠奶茶、水果茶都相当受欢迎。

"日日装茶，顾名思义就是希望客人装出自己的个性。"融入传统刨冰店自行选料的形式，除了让顾客可以直接看到原料，也鼓励大家自行选料、搭配，让买饮料多了趣味，创造十足的互动感。"曾经遇到一位很有趣的客人，他选铁观音奶茶，配上奥利奥巧克力饼干、黑芝麻奶酪，整杯黑黑的看起来有点恐怖，结果我照着他的比例做了 1 杯，还真的很好喝。"自由搭配能让顾客发挥无限创意、玩出百变风味，完美展现出饮品的独特魅力，希望未来也能将这项传统形式以新风格包装，带给更多朋友。

结合传统刨冰店自由配的模式，让顾客可以依照各自喜好选茶、加料，展现饮料的多元变化，趣味性十足。摄影＿Amily

日日装茶主打的"虎糖系列"，坚持使用天然原料，甜中带点焦香却不苦涩，是招牌明星选品。图片提供＿日日装茶

口耳相传建口碑，厚植实力迎未来

善用过去深耕饮品产业的经验及人脉，再度投身创业行列，陈钰宗认为做好品牌本分之余，也应该善待加盟伙伴，"如果跟加盟主合作却没有让他们赚钱，那只是虚的，因为收得也快，品牌没办法继续发展。"要让加盟主愿意投资一定要先把自己的品牌做好，饮品、风格到位才能慢慢扩点，"未来营销的方向还是偏向稳稳经营。"不打营销广告，陈钰宗会更专注于提供优质饮品，以口耳相传的方式塑造品牌形象，厚植根基迎战更长远的未来。

店铺运营计划表

品牌经营

品牌名称	日日装茶
成立年份	2016 年
成立发源地 / 首间店所在地	中国台湾，台中 / 西区
成立资本额	约 235 万元
年度营收	约 235 万元
直营 / 加盟占比	直营 2 家，加盟 5 家
加盟条件 / 限制	拥有正面积极的必胜决心，是经营者，而不是投资者
加盟金额	42.3 万元
加盟福利	含完整的教育训练

店面运营

店铺面积	30 平方米
平均客单价	13.9 元
平均日销杯数	约 300 杯
平均日销售额	约 11.8 万元
总投资	不提供
店租成本	1.9 万元
装修成本	不提供
进货成本	不提供
人工成本	不提供
空间设计者 / 公司	陈嘉晋 / 禾拾拾室内设计

商品设计

经营商品	茶饮、奶茶、果汁
明星商品	虎糖珍珠醇奶茶、虎糖布丁（鲜）奶茶、日日水果茶
隐藏商品	烟花冰茄梅
亮眼成绩单	虎糖珍珠醇奶茶，年销约 1.4 万杯

营销活动

独特营销策略	与（辛普森家庭）跨界结合并打卡抽奖活动
异业合作策略	与（辛普森家庭）跨界结合，借助杯套包装吸引购买

开店计划步骤

2015年 10月	2016年 5月	2016年 6月	2016年 7月	2017年 10月
开始筹备	总部正式开业	台北南西店开业	东南亚第一家店铺开业	北京第一家店铺开业

2 代店的精神意象不变，主要是针对色温上做调整，削弱白、灰色系列改以原木元素去取代，整体变得更加温馨、温暖。摄影＿ Amily

康青龙人文茶饮

美而美餐饮连锁国际企业集团旗下拥思慕昔雪花冰品牌外，更于 2014 成立康青龙人文茶饮品牌，试图从早餐跨向不同的餐饮领域。知道催生品牌不容易，虽拥有丰厚的连锁餐饮经验，仍坚持以茶为本，凭借稳扎稳打、一步一脚印方式，站稳中国台湾市场。

文／余佩桦　摄影／Amily　资料提供／康青龙人文茶饮

就与多数人一样，一开始很难将美而美与饮品店品牌康青龙人文茶饮（以下简称康青龙）画上等号。不免好奇，为何会从连锁早餐跨足饮品市场？美而美餐饮连锁国际企业集团品牌运营部经理王映宇谈道："美而美是个已有30年历史的连锁加盟老品牌，不只品牌已发展很长一段时间，再加上观察到年轻人是现在消费的主力，便开始构思创立新品牌的想法，除了与年轻顾客对话，也赋予集团些许活力与朝气。"

创立茶饮新品牌，增添些许活力与朝气

于是在 2010 年便率先推出思慕昔雪花冰品牌，其推出后所带来的话题与回响，不仅替集团打了一剂强心针，也成为推出康青龙品牌的契机点。"由于思慕昔的首店设立于台北市永康商圈一带，不仅我们对该区有特殊的情感，周边康青龙街区（即永康街、青田街及龙泉街一带）又别具人文气息，除了有特色的茶馆与咖啡厅外，也有一些风格小店林立，不仅以此作为品牌命名，另也希望店铺能坐落其中。"

最初，是将康青龙设定为带座位形式，让顾客入店坐下来喝杯茶、吃吃小点心……但实际评估环境后，发现到永康区店面租金较高，无法单靠茶饮收入来负荷房租，于是团队重新思考康青龙的品牌定位，最后将它改为街边店、纯外带形式。品牌重新定位后，于 2014 年正式与大众见面，首家店便设立在台北市长安西路，该

二代店除了加入原木意象，另在吧台设计上加入展示概念，摆放一些鲜果、茶叶等装饰品，提升与消费者之间的亲近度。摄影__ Amily

店址原为美而美，为了测试市场水温，便重新做改装，作为康青龙出发的第一站。

王映宇指出，集团知悉品牌从诞生到经营是相当不容易的一件事，在拥有丰厚的连锁餐饮经验基石下，仍选择稳扎稳打、一步一脚印方式，站稳中国台湾市场。所以可以看康青龙选择以茶为本，再从茶本身发展出一系列不同的饮品，如纯茶系列、水果系列、奶茶系列等，如此一来可以照顾到不同的消费群体，再者也用好茶饮让客源持续回流。也因如此，在门店选址上辐射范围也较广，除了住办混合区、大专院校学区外，科学园区也是选址锁定的重点目标。"为了让触及顾客群体更广，便把茶饮品单价定在 9～16 元之间，有高、有低，各种客源的需求与接受度均能照顾到。"

微调设计优化二代店，用视觉温度吸引消费者上门

稳扎稳打的态度除了发挥在茶饮制作上，另在展店上也看到一些。王映宇表示，进入市场时，康青龙属新兴品牌，为了足以应对日后加盟可能遇到的问题，集团选择先开设直营店，并坚持走完一年四季（淡、旺季）后，来年（2015 年）才正式开放加盟。"当时很多人笑我们傻，为什么要这样做呢？但不实际走过一次，

不会清楚过程中会遇到什么困难与问题，也唯有走过，日后辅导时也才能给予最好的应授予协助。"

2015 年开放加盟后，康青龙采取"乡村包围城市"的方式进行市场布局，首批加盟主在台中、新竹、桃园设店，慢慢再往新北市、台北市等地做延展。"刚开始大家对于康青龙仍不熟悉，所以加盟主便从租金相对低的区域开始，初期经营上压力也不会那么大，随时间逐渐累积，当加盟数到了 30 ～ 40 家后，便开始集中在台北做密集性的发展。"王映宇解释。

品牌成立至今，这中间也不断观察市场消费变化与所需，做微幅的修正。就门店设计来说，最初的一代店是以阿里山云雾缭绕作为设计意象，选以绿色、白色、灰色渐层方式来营造氛围。但是，这样的设计走了一段时间后发现，整体色调偏冷，一旦到了冬天更无法引起人光顾的欲望。在 2017 年年底到 2018 年时，推出了二代店，原本的精神意象不变，针对色温上做修正，削弱白、灰色系列改以原木元素去取代，整体变得更加温暖，市场上也获得不错的评价。

每到季节转换便会推出特殊杯款，此为今年春季所推出的春季杯，粉嫩色系相当讨喜。
摄影＿ Amily

"粉红佳人"是以荔枝、蔓越莓，共同创造出酸酸甜甜的滋味，是店内人气商品之一。
摄影＿ Amily

人气商品"格雷冰茶"以伯爵红茶为基底，搭配新鲜水果、包含苹果、柳橙与柠檬片，喝得到茶香与水果香。摄影_ Amily

"双芋奶茶"内不只有小芋圆，还含有新鲜芋头泥，增加饮用时的多重口感。摄影_ Amily

未来继续深耕当地市场，同时开拓其他市场

除了通过店型带给市场新鲜感，团队也通过设计持续在茶饮杯上做变化，不断给予来客者饮用上的小惊喜。王映宇说："每到节庆或季节转换，便会推出一些时节限定杯款，像 2018 年的秋天以桂花为主题，推出具素雅质感的杯款，过年则推出团圆杯、金猪杯等，符合节庆议题的杯款，也希望大家买杯茶一起庆团圆，希望通过这些小惊喜，带给消费者不同印象，也进一步提升购买意愿。"

目前，康青龙在当地有约80家，采取直营、加盟并行模式，集团内拥有中央工厂，也努力培养所属的研发、物流供应链等团队，好提供给加盟主更多的宣传。谈及拓展计划，王映宇表示，品牌推出后一直都有外地代理来洽谈合作事宜，起初未快速投入其他市场，是希望先在当地市场把脚步站稳，而今品牌已发展进入成熟阶段，会开始针对其他市场加以着墨，先以亚洲市场为主，进而再走向欧美市场，逐步辐射出去让更多人认识康青龙这个品牌。

店铺运营计划表

品牌经营

品牌名称	康青龙人文茶饮
成立年份	2014 年
成立发源地 / 首间店所在地	不提供
成立资本额	不提供
年度营收	不提供
直营 / 加盟占比	不提供
加盟条件 / 限制	不提供
加盟金额	不提供
加盟福利	不提供

店面运营

店铺面积	27 ～ 33 平方米
平均客单价	11.75 元
平均日销杯数	不提供
平均日销售额	不提供
总投资	不提供
店租成本	不提供
装修成本	不提供
进货成本	不提供
人工成本	不提供
空间设计者 / 公司	不提供

商品设计

经营商品	不提供
明星商品	不提供
隐藏商品	不提供
亮眼成绩单	不提供

营销活动

独特营销策略	与电影联名

开店计划步骤

2014年 ……… **2015年** ……… **2019年** ………▶

开创首家直营店

开放加盟，以乡村包围城市布局，至今累计开店共 80 家

开放加盟及代理

Mr.Wish 鲜果茶玩家成立于 2007 年，以健康外带饮品起家，提倡将新鲜水果加入茶饮中。摄影＿Amily

文／余佩桦　摄影／Peggy　资料提供／希望创造事业股份有限公司

Mr. Wish 鲜果茶玩家

1997 年即投入茶饮市场，在投入 10 年后，动起转型念头，加上当时的茶饮品市场缺乏"天然健康"的概念饮品，便兴起"何不以水果入茶"的念头，而后便与团队在 2007 年成立了 Mr. Wish 鲜果茶玩家，以健康外带饮品进军市场，提供给顾客新的选择。

发迹于台中逢甲商圈的Mr. Wish 鲜果茶玩家，品牌创立时的社会环境，对于要求天然健康饮品的观念尚未成熟，品牌相中这市场缺口，便将健康、新鲜、现调等概念带入饮品世界，替市场带来新意也提供给消费者不一样的饮品选择。

问及品牌成立的契机，希望创造事业股份有限公司总经理曾信杰回忆，1997年投入茶饮品市场至今约20年，在未成立 Mr. Wish 鲜果茶玩家之前，经营方式无他，也是采用浓缩糖浆调制出相关的饮品。曾信杰清楚深知这样的饮品对身体有所影响，于是在投入约10年后动起转型念头，与团队把中国台湾知名的饮品均喝过一轮后，发现到市场缺乏"天然健康"的概念饮品，再加上自己与团队对于水果也很喜爱，便兴起"何不以水果入茶"的念头，将新鲜水果与茶饮结合，找到品牌定位也与市场做出差异。

食品安全问题连环爆，
更加确立坚持"健康、新鲜"的信念

曾信杰形容："当时在逢甲商圈成立第一家门店时，正因市场上几乎没有将水果导入茶饮的饮品，这样的独特性的确让消费者在短时间内认识并注意到我们。"

品牌被看见了，但仍还有挑战等着曾信杰解决。品尝过以浓缩糖浆调制而成的饮品后，再面对水果入茶后口感的不习惯，是需要花时间重新与顾客做沟通的，就曾有客人向曾信杰反映："人家的饮料都这么香、这么甜、这么好喝，为什么你们家的味道却清清淡淡的？"这样的反映让曾信杰不知该如何向顾客一一解释，"但，这真的是源自果汁清香的滋味啊！"

纵然知道选择健康、新鲜是走在对的道路上，但曾几何时曾信杰的内心也曾出现过拉距，"选择开店便是希望能获利，选择走回头路，获利问题即能得到解决，但另一方面也是在牺牲未来……"

品牌推出的头几年，曾信杰与团队着实花了好长一段时间在教育消费者，不过随着中国台湾出现一连串的食品安全问题后，食品安全使得他更加确信，当初坚持的方向是对的。先是 2011 年的塑化剂事件伤及饮料商品，而后又有所谓的黑心油事件，各式各样层出不穷的食品安全漏洞，促使消费者重视食品安全问题，对于饮品的成分来源、制成方式等，民众变得更加要求与重视。"随消费者逐渐知悉健康茶饮的观念后，慢慢地也就被大家接受与认同了。"曾信杰补充着。

"WISH：Drink 果茶专业"店被设计成纯白色的阳光果子厨房，要求透明、开放，让安心看得见。摄影＿ Peggy

"切切果鲜果切吧"店装以黄色为基调，以此增添空间清新感与活力感；店内还增加臭氧杀菌设备，把水果的新鲜感带给消费者。摄影＿Peggy

希望创造事业股份有限公司总经理曾信杰。摄影＿Peggy

着眼小细节，展现坚持质量的心

既然选择健康、新鲜概念，在材料选用上便马虎不得。正因是以水果茶的饮品为主，水果选用上曾信杰有一套的坚持，"水果因产季、产地、人为种植等因素略有不同，再更进一步探究，就算是同一水果又能因面山、背山，面阳、背阳，又略有差异。"曾信杰不讳言，曾因为水果中出现一些微小变化，便整批以退货处理，果农因为这样不愿意再卖水果给他，"虽然只是一点微小变化，但口味真有明显差异……"

除了水果，茶叶质量到制作方式，曾信杰一样谨慎对待。像是针对自家所使用的高山茶，便与茶农一起研究出独特工法，将中海拔产地的茶叶，做到像是高海拔产区茶叶般的口感，这工法还曾获奖得到肯定。"无论茶、水果都是 Mr. Wish 鲜果茶玩家的重要核心，从小地方加以坚持，为的就是把好质量带给消费者。"

让饮品顺利布局到外地市场

目前 Mr. Wish 鲜果茶玩家直营、加盟方式并行，另外也通过技术转移、品牌授权代理的方式，在越南、美国等地开设分店。

品牌将水果结合茶饮，此为"橘柠纤果子"。摄影_ Peggy

"WISH：Drink 果茶专业"将水果与牛奶冰沙结合，左起分别为"芒果厚奶""草莓厚奶"与"奇异果厚奶"。摄影_ Peggy

谈及地点的选择、店铺的规划，曾信杰也有一套心法。就地点选择方面，以人流集中、方便停车、租金适中为展店原则，他进一步分析，地点人口数集中，代表有一定的消费客源，加上现今骑车、开车相当普遍，倘若选址地停车方便，能有助于带动消费者上门；至于租金适中，则是要衡量整体后，看看是否能符合损益分析，倘若符合效益，则要再做地点的选择与评估。

因门店以贩卖新鲜水果茶饮为主，店铺规划上有别于其品牌，必须将处理各式水果的机器设备，以及规划操作流程动线一并纳入思考，所需环境稍大，倾向以面宽 4 米、深度 7 米的空间为主，当然这样的条件，在进入到北部市场时也曾面临些挑战，后续曾信杰与设计团队特别做了调整，在既定的空间里，足以放得下所需设备，同时亦不让生产线受到影响。

看准健康发展趋势，催生新品牌刺激消费者味蕾

看准"健康"仍是接下来的趋势，除了 Mr. Wish 鲜果茶玩家，曾信杰分别于 2016、2018 年推出"切切果鲜果切吧"与"WISH：Drink 果茶专业"两个同样以新鲜水果为主轴的品牌。

曾信杰表示，Mr. Wish 鲜果茶玩家也推出一段时间了，为了再给予市场一点新鲜感，以及提供消费者一点刺激，延续"健康""新鲜水果"要求，再催生出这两个品牌，希望借此能再打开不同的消费市场。

"WISH：Drink 果茶专业"从果实"红、黄、绿"三色做延伸，不只有新鲜果汁，还将水果结合牛奶冰沙共同呈现，不只让人品尝新鲜美味的饮品，更是彻底颠覆味蕾。"切切果鲜果切吧"则是以提供新鲜果汁、水果切盘、甜品及轻食为主，为确保水果的新鲜与干净，水果送到店后会再经过一道臭氧杀菌过程，为的就是要把水果的新鲜与原味带给消费者。

店铺运营计划表

品牌经营

品牌名称	Mr. Wish 鲜果茶玩家
成立年份	2007 年
成立发源地 / 首间店所在地	中国台湾，台中 / 逢甲夜市
成立资本额	不提供
年度营收	不提供
国内 / 海外占比	不提供
直营 / 加盟占比	不提供
加盟条件 / 限制	品牌加盟条件 ・加盟者年满 20 岁以上，信用良好，无不良前科 ・认同"WISH:Drink 果茶专业"品牌经营理念，并愿意用心为质量把关 ・每店至少两名经营人员参加总部培训，并通过专业考核 ・具备充足的创业资金，愿意接受总部经营方针及技术培训 ・坚持诚信经营，遵守职业道德，一同维护品牌形象 ・对服务业拥有高度热诚，具创业企图心
加盟金额	不提供
加盟福利	不提供

店面运营

店铺面积	85.8 ～ 132 平方米
平均客单价	不提供
平均日销杯数	不提供
平均日销售额	不提供
总投资	不提供
店租成本	不提供
装修成本	不提供
进货成本	不提供
人工成本	不提供
空间设计者 / 公司	不提供

146

商品设计

经营商品	新鲜水果搭配果茶为主轴
明星商品	招牌水果茶、光 / 熟青果茶、鲜果子系列、果粒茶系列
隐藏商品	鲜奶系列商品及部分随身瓶商品
亮眼成绩单	全台首创新鲜水果茶、商品独特性

营销活动

独特营销策略	用新鲜水果作为饮品店的主轴，新鲜天然与健康就是我们最强的策略
异业合作策略	跨界合作，不排斥任何可能性

开店计划步骤

2007年 成立 Mr. Wish 鲜果茶玩家并开设首家直营店

2012年 上海直营店开业

2014年 进入美国市场

2016年 在越南设立品牌代理

2016年 创立"切切果鲜果切吧"品牌

2018年 创立"WISH: Drink 果茶专业"品牌

2019年 正式开放"WISH: Drink 果茶专业"与"切切果鲜果切吧"加盟经营

布莱恩红茶成立迄今迈入第 15 年，为台南老字号品牌，创立至今坚持把关茶叶源头、参与茶叶栽种，与当地茶农建立出革命情感。摄影__王士豪

布莱恩红茶

布莱恩红茶于 2005 年创立于台南正兴街，创办人庄政安努力专精红茶领域，为全面了解茶叶从何而来，亲自参与茶叶栽种和烘焙过程，与茶农紧密配合，挑选出产地红茶，并使用陶锅作为冲泡茶器颠覆传统，他用职业的制茶态度，强调依照各式茶叶特性，给予合适的制成、烹煮方法，将喝红茶这件事，提升成为更高层级的饮茶体验。

文／高子涵　摄影／王士豪　资料提供／布莱恩红茶

品牌信息

2005 年创立于台南正兴街，提倡
生态平衡、强调职业精神、坚持古
具冲泡，并提供友善环境，成为台
南观光必去景点之一，期待未来持
续向外拓展。

我 在14年前创立布莱恩，原始想法很单纯，就是想要脱离贫穷生活。庄政安表示，传统观念告诉他，一定要有一技之长在身，因此高中毕业后就开始在制造业上班，兼职多份工作来分担家计；不料，遭逢制造业重心大举迁移的过渡期，让庄政安在转瞬间失去了工作机会。"后期开始边工作、边创业，除了在夜市摆摊卖娃娃，也卖过烤布丁、甜甜圈以及葱油饼，亦做过冷饮站；做过这么多工作后，发现做饮料是自己最有兴趣的。"幸好失去工作时的自己还算年轻，在广泛接触不同产业类型之后，庄政安决心将自身热情投入红茶领域，并深入专精，这成为创立自有品牌的最大契机。

庄政安谈道："当时大家对品牌的概念没有这么清晰，顾客需要更浅显易懂的沟通。"在观察市面上饮品店后发现，没有人在做红茶"专卖"这件事，"那时候消费者并不知道红茶有那么多种形式，开间专卖各种红茶的饮品店好像还不错；于是，我就从自己认识的 4 种产地茶开始卖，当作是跟顾客分享的概念经营。"他进一步说明："其实那时候市面上红茶也没得选，就是 4 款产地茶；其他的调味茶或精致茶，会依照调味方式、添加原料的不同，变化出十几种风味。当时我们推出红茶、奶茶各 7 款，一直到现在品项也约在 20 种。"

很多想法在没有验证之前无法评估是否可行，庄政安表示，回首品牌的成功，一部分仍需归功于自媒体的蓬勃发展，创业初期就明显感受到网络上的讨论为品牌带来了话题性及人潮，并持续产生推波助澜效果，让布莱恩红茶得以延续品牌热度，成就经典。

严格把关茶叶，与当地茶农培养革命情感

凭借对茶叶领域求知的热忱，庄政安开始去了解茶叶原料的来源，"我想知道自己买来的茶叶是夏季采收，还是冬季采收，以及种植的茶园附近的环境怎么样，因为想要了解更多，自然而然就会走到源头端。"通过亲身参与，了解如何栽种、挑选茶叶，开始与茶农紧密接触，逐步培养彼此默契关系；然而，却在进一步的合作过程中察觉到彼此观念的落差，让原料供应成为经营中最大危机，"红茶店需要货源质量、数量稳定供应，签订保额、保量的合约是最能保障双方的方式，但茶农没有这样的观念，遇到他不懂的事，不是拒绝就是排斥。"庄政安说明，老一辈的茶农想法单纯，却也缺乏商业思维，今天有种茶叶就来卖、谁出价高就卖谁，无法建立出长期合作关系，甚至一度威胁到运营状况，"这样的困难长达五六年之久，在茶农的二代回乡接手后才得到很大的舒缓。"解决茶叶供应的问

布莱恩红茶创办人庄政安，自许继续深入钻研红茶领域，将专业及热情投入产品开发之中，并期待将品牌推上国际舞台。摄影＿王士豪

2005 年创立于台南正兴街的布莱恩红茶，提倡生态平衡、强调职业精神、坚持古具冲泡，并提供友善环境，成为台南观光必去景点之一。摄影＿王士豪

题后，庄政安也才正式开放对外加盟。

布莱恩红茶专卖店现在中国台湾共有 22 家门店，从店铺选址、培训到经营策略上皆已发展出相当成熟的方针，庄政安分享："我们很希望前来加盟的人具有职业精神，除了有想钻研红茶产业的热诚，也得先了解布莱恩红茶建立出的商业模块。"他进一步说明，创业若只想着把产品做好是很不容易成功的；反之，若一味将饮料店作为投资工具失败率也很高，强调应该在坚持自我初衷以及观察市场动向之间取得平衡，以利更长远地思考未来。

神农氏作为设计灵感，呈现十足怀旧感

谈到设计层面，庄政安表示，正兴总店刚完成改装，承袭二代店的风格，大量取用中药店的元素进行店铺设计，"神农氏在撰写本草纲目时，将茶列居排名之首，是第一个将茶叶的所有疗效详细罗列出来的人。"木造式的店面为整体营造古色古香的氛围，在工作区的右侧设计开放式层架，摆放典雅茶壶、茶具颇有风雅韵味，也设计许多精巧的小格抽屉，完整呈现中式古风，引人穿越时空回忆文人雅士"品茶"的典故；此外，有别于其他饮料店以单张纸呈现菜单，布莱恩红茶设

台南正与总店将中药店的元素呈现于店铺中、开放层架营造古色古香怀旧氛围。此外，布莱恩红茶正与总店也推出"正兴杯杯"鼓励游客逛街喝完饮料后再将杯子归还、响应环保、乐趣十足。摄影＿王士豪

计出精装版本，庄政安形容，这是为了要让客人有种仪式感，"我们常常活在感觉里面，当我们拿到这一本漂亮、专业的菜单，会进入到仪式里面，通过点餐、拿到饮品的过程，希望能满足顾客身心灵的需求。"

在环保方面，布莱恩红茶与好盒器团队合作推出"正兴杯杯"，让到台南正兴街观光的游客，可以以优惠价格选择环保杯装饮料，边逛街、边喝饮料，只要在饮用完毕后将杯子拿到指定地点归还即可。庄政安分享："我们一直都努力推广环保这一块，未来也不排除推出环保吸管、杯套带等周边商品，为地球环境尽一份心力。"

坚持职业精神研制好茶，期待踏上国际舞台

作为台南老字号的红茶品牌，庄政安说，展望未来最大的目标是希望将品牌推上国际舞台，"我对本土有很深厚的情感，想要将这份心意也推广到海外，让农民们能够有好的管道销售产品，也提供好的产品服务客人。"

布莱恩红茶创立至今，一路走来已与当地茶农建立出深刻联结，再加上本身是土生土长的台南人，庄政安对当地文化充满情感，期待未来的自己继续保有对红茶钻研的坚持及热情，将中国台湾特色红茶推上国际舞台。

店铺运营计划表

品牌经营

品牌名称	布莱恩红茶
成立年份	2005 年
成立发源地 / 首间店所在地	中国台湾，台南 / 中西区正兴街
成立资本额	不提供
年度营收	不提供
直营 / 加盟占比	直营 6 家，加盟 16 家
加盟条件 / 限制	不提供
加盟金额	54 万元
加盟福利	加盟福利教育训练、物料提供

店面运营

店铺面积	不提供
平均客单价	约 11.75 元
平均日销杯数	约 250 杯
平均日销售额	不提供
总投资	不提供
店租成本	不提供
装修成本	不提供
进货成本	不提供
人工成本	不提供
空间设计者 / 公司	不提供

商品设计

经营商品	红茶、奶茶
明星商品	鱼池阿萨姆红茶、鱼池阿萨姆奶茶
隐藏商品	砂锅奶茶
亮眼成绩单	鱼池阿萨姆红茶日销最高 1000 杯

营销活动

独特营销策略	集满 50 个布莱恩纸杯套可免费兑换 1 杯饮品
异业合作策略	杯套与华南银行、新光三越合作活动曝光

开店计划步骤

2005年	2007年	2008年	2009年	2010年	2011年	2012年
第一家店正式开业	第二家直营店开业	第三家直营店开业	第四、第五家直营店开业	第六、第七家百货直营店开业	谈成高雄店加盟	第一家加盟店开业

2019 年水巷茶弄正式进军日本，并于表参道开设了分店。图片提供＿水巷茶弄餐饮事业有限公司

文／余佩桦　资料提供／水巷茶弄餐饮事业有限公司

水巷茶弄

由创办人李月英所创办的开富食品国际有限公司创立于 2000 年，其主要专营各式营业用餐饮专业原物料，于 2007 年成立水巷茶弄，成为有原物料供货商背景的茶饮品牌。作为原物料的中游业者，深知食品安全的重要，无论经营哪个领域，均不敢轻忽与松懈，做好层层检验替民众的食品安全做把关。

由创办人李月英所创办的开富食品国际有限公司，最早从透天厝开始逐步扩张至今日的规模，也从原先单纯的零售买卖发展到现今提供一站购足整合式服务。而后随市场逐渐转型，品牌开始崛起，才使得开富食品在2007年成立水巷茶弄餐饮事业有限公司，建立自家饮品店品牌。

水巷茶弄餐饮事业有限公司营销公关部经理郑伊婷解释："开富食品里提供包含茶饮、咖啡、料理、烘焙等物料，在产品销售至夜市饮料摊、茶摊的过程中，因必须说明使用原物料的方法，势必就得传授相关的调制技术。""甚至还会协助产品开发、菜单设定，原因在于原物料品项相当多，为了促使销售，便帮忙构思原物料的再变化，将单纯红茶添加蜂蜜，即再衍生出'蜂蜜红茶'饮品，品项不再单一、口味也能变得多元。"她紧接着说明。

本以为就会是这样经营下去，没想到市场却出现变化，连锁茶饮崛起、品牌观念也兴起，迫使饮品摊、茶摊开始一家家关门，看似危机却也是转机，水巷茶弄餐饮事业有限公司总经理郭桂娥表示："既然我们熟悉原物料来源，又有研发与销售的能力，何不自己成立饮品店品牌，放大优势也与市场其他品牌做出区分？念头一转，便于 2007 年成立了水巷茶弄，并以'天然、健康、新鲜煮'作为经营理念。"

研发独创口味，清楚与市场做出区分

正因为品牌身后有原物料供应的背景，水巷茶弄也善于运用这优势，结合过去构思原物料再变化的研发能力，开始与市场其他茶饮品品牌做出品项上的差异，也走出自己的一条路。郑伊婷解释："因背后有原物料供应的经验，所以能够快速得知新兴原物料产品的第一手消息，进而尝试将这些原物料与茶饮结合，创新口感，成功研发出市场上鲜少人做过的茶饮品项。"以"寒天""小紫苏"为例，当初就是得知原物料供货商正准备推出寒天与小紫苏，研发团队灵机一动将这两款原物料应用在茶饮中，让消费者在喝茶之余还能有弹牙的口感，就这么样变成了独家加料，成功在市场掀起话题。

然而，作为原物料的供应业者，深知食品安全的重要，在面对饮品店品牌的经营上亦是不敢忽视。郑伊婷指出，我们对于上游供货商的遴选与评鉴是相当严格的，除了出示工厂登记证、食品相关的检验证明外，我们也会进行厂区的访视，为的就是要看供货商对食品卫生安全重视程度；另外，郭桂娥补充，在请厂商定制原物料时，也都尽可能要求不添加防腐剂与色素，并且在常温下可予以保存等。

一方面除了要求供货商，另一方面也做自我检验。总公司于 2013 年成立"乐客来食品原料畅货中心"，其二楼便设有"品保室"，里头备有自主检验的机械设备，加以确保每种食材的食用安全性。

坚持质量联手多元营销，提升品牌能见度

过去在原物料供应的销售上，采取口碑营销方式，凭借店家之间的交流将产品信息、品牌力传播开来，当水巷茶弄进入饮品市场，亦是通过这样的方式营销，并以"坚持质量、用料实在"抓住消费者的心。郑伊婷进一步分享，曾经就有加盟业者回馈，自家的"芋头鲜奶露"因芋头采取手工熬煮并且加入新鲜牛奶，并非采用罐头或调味粉的方式制成，口感滑顺好喝又具有饱足感，一直很受医院护理站人员的青睐与喜爱。

表参道分店设计以纯白色系为主，凭借干净明亮的空间设计，一展饮品店的清新形象。图片提供＿水巷茶弄餐饮事业有限公司

将茶饮原物料以透明器皿呈现，不仅清楚让人看到物料来源，也打造出独特的展示墙，成为重要的打卡景点。图片提供＿水巷茶弄餐饮事业有限公司

但是，随着市场竞争愈趋激烈，消费人口转移，水巷茶弄也开始逐渐意识到，必须得做点改变，结合不同的营销手法、善用对的销售语言，提升品牌能见度之余，同时也与市场主流顾客群体对话。郑伊婷坦言："水巷茶弄成立至今约莫已有十几个年头，市场环境不仅存在竞争也一直在变迁，这促使我们思考如何让品牌再次被看见、甚至被消费者需要。"于是这几年可以看到水巷茶弄不断地在调整，像是在 2018 年进行了品牌再造工程，以雪克杯作为 LOGO 主视觉，增加品牌识别度；另外，也先后与"懒散兔与啾先生"与"Peno alcohol."合作推出饮品，刺激眼球亦带动消费与话题，扩散效应也重新找回品牌的网络热度。除此之外，也与泰山企业携手推出联名饮品，将经典口味柠檬小紫苏移植变成包装饮料，消费者既能够在超商就买到人气饮品，也让饮品店销售能 24 小时延续。

除了在包装、渠道上的转型，水巷茶弄近几年也在店铺设计上加以着墨，郑伊婷解释，尝试做这样的改变，主要还是希望能借助吸睛的店面设计带领顾客上门，不过，初期的尝试还未获得明确方向，原因在于，改装的过程中仍在寻找符合接

不只店面设计吸引人，就连茶饮包装也相当吸睛，水蓝色底搭配富含花卉图腾，带出东方茶饮文化的意象。图片提供＿水巷茶弄餐饮事业有限公司

将当地的好滋味传递出去，包含珍珠、水果系列等。图片提供＿水巷茶弄餐饮事业有限公司

下来水巷茶弄定位的最适设计，因此今年选择放慢脚步，待方向更厘清后再进行后续动作。

步步为营，开拓市场

水巷茶弄在发展头几年，也与其他品牌一样，从直营走向连锁加盟，但深知经营品牌不易，再加上民众对品牌愈趋要求，水巷茶弄在顾及整体质量思维下，转而将品牌经营朝向精致化发展，目前店面数约维持在60家。郑伊婷说明，无论直营、加盟，每家店、每个环境都是挑战，所以现阶段将店家数维持在这个数字下，也不轻易开放加盟，为的就是要能掌控好每家店的经营质量。

至于开拓市场，坦白说比起其他品牌，水巷茶弄走得更步步为营。郑伊婷解释，除了希望找到理念相同的代理商，再者也在克服茶饮的质量稳定性问题，故才会在2015年时于新加坡等地开设店面。慢慢地逐步发展，到2019年则在日本表参道开设了分店。

饮品市场变化快速，放慢步伐未必不好，反而能在竞争过程中，更看清楚自身究竟要的是什么。对水巷茶弄而言亦是如此，选择站稳经营市场中的每一步，进而再往其他方面走去。

店铺运营计划表

品牌经营

品牌名称	水巷茶弄
成立年份	2007 年
成立发源地 / 首间店所在地	中国台湾，高雄 / 大社
成立资本额	不提供
年度营收	不提供
直营 / 加盟占比	直营 7 家，加盟 57 家
加盟条件 / 限制	25 ～ 50 岁，专职经营，培训期 2 个月
加盟金额	45 万元（不含原料费用）
加盟福利	完整教育训练，商圈保障

店面运营

店铺面积	30 ～ 50 平方米
平均客单价	约 23.5 元
平均日销杯数	400 ～ 700 杯（淡旺季不同）
平均日销售额	不提供
总投资	不提供
店租成本	依店面大小不同
装修成本	包含在加盟金内
进货成本	不提供
人工成本	不提供
空间设计者 / 公司	不提供

商品设计

经营商品	茶饮品
明星商品	凤来水果茶、寒天爱玉、芋头鲜奶露
隐藏商品	凤来小紫苏（未定）
亮眼成绩单	寒天爱玉销售至今破千万杯

营销活动

独特营销策略	严格把关食材，强化店铺管理，做好基本功
异业合作策略	与泰山合作开发柠檬小紫苏利乐包饮品，荣登 7-11 水果类饮品销售冠军

开店计划步骤

2007年
成立水巷茶弄餐饮事业有限公司并开设首家直营店

2014年
推出全新"好日瓶"

2015年
水巷茶弄新加坡店开业

2017年
建置天然熏花熏果精致茶厂

2018年
进行品牌再造工程，以雪克杯作为 LOGO 主视觉，增加品牌识别度

2019年
水巷茶弄日本表参道店开业

位于卫武营的店面中，结合了茶馆与贩卖机形式，打破饮品店的经营印象。摄影＿蔡宗升

文／余佩桦　摄影／蔡宗升　资料提供／圆石禅饮股份有限公司

圆石禅饮

成立于 2006 年的圆石禅饮，创立至今其以健康、养生作为定位，做出市场差异化，更大胆推出环保方瓶，成就自身特色；在品牌成立 10 周年后，于 2018 年催生另一饮品店品牌——"极渴"，高颜值饮品加上易拉罐装，在网络界引起不小回响，更掀起市场话题。

品牌信息

2006 年成立，以健康、养生定位该
茶饮品牌，作出市场差异化；更推出
饮料环保方瓶，成为茶饮连锁销售中
的一大特色。品牌成立 10 年之际，
更于 2018 年催生出另一茶饮品牌"极
渴"，高颜值饮品加上易拉罐包装，
甫推出 1 年便快速在开店发展。

跑业务出身的圆石禅饮股份有限公司董事长杨纮璋，在成立圆石禅饮前，每日在外奔走的他，一天下来，至少1~2杯茶饮品不离手。虽从事业务，但也怀抱着有天能自行创业，既然要投入创业，那得从自己喜欢的方向思考。"想到自己爱喝奶茶、饮料，就这样进入了饮品产业。"杨纮璋回忆。

"原本想咖啡有其专业进入门槛势必较高，没想到茶饮业也不如自己所想的简单，举凡茶叶的筛选、质量的控制，甚至到后端煮茶技术等，这些都必须清楚了解与掌控，才能让后续顺利。"他进一步解释。

也因为投入时间点落在 2006 年，在当时，中国台湾饮品市场已进入所谓的战国时代，特别是南部地区，早已有许多老品牌插旗市场，不过既然选择投入，迫使得杨纮璋必须做出差异化。于是他以健康、养生作为定位，不仅让茶在无加糖的情况下，风味、口感一样好，另也研发"国民茶""黑豆茶"等，让茶不只有解渴，还能有益健康。

从制茶细节到饮品保存，催生环保方瓶的饮茶模式

除了品牌定位，杨纮璋也在思考做出差异化的其他可能。一个源自贩卖过程中消费者所给予的回馈，希望延长饮用茶的时间，就算喝不完、置于冰箱隔天再饮用，

仍可保留住既有的风味，于是杨纮璋尝试从制茶方式做调整，进而找到解决之道。

杨纮璋解释，传统热泡茶煮完后进行过滤再放入保温桶，受限于温度、发酵速度关系，会刺激茶里的单宁酸，一旦单宁酸过多便会让茶变得苦与涩，于是改以冰镇方式，将煮好的茶做快速冷却，从 70°C 降至 10°C 内，有效稳定茶的风味，更将保存期限拉长至 48 小时，还能进一步减少店家浪费。

改了制作方法后，茶饮盛装方式更多元，便顺势推出瓶装包装，让茶饮呈现方式特别，也能吸引更多人选购。设计钻研出身的他，也研发出以聚丙烯（PP）为材质的环保瓶，为了让瓶身能重复运用，另设计出口径一致的喷头，喝完后的环保瓶也能成为盛装沐浴乳、洗发水的瓶子，着实替茶瓶找到其他的使用功能。"包装只是一个呈现方式，但要深入思考的是背后的问题，也许是从制作过程中也许是从其他方面，一旦有办法克服了，具备意义也才能发挥它的价值。"

位于卫武营的店面中，结合了茶馆与贩卖机形式，让饮品店销售能24小时不间断。摄影＿蔡宗升

圆石禅饮股份有限公司董事长杨纮璋。摄影＿蔡宗升

以茶馆机为概念的"圆石茶馆"，将冷却、处理饮料机制整合在一起，冰镇保鲜又干净卫生。摄影_蔡宗升

一一化解开拓市场的不利因素，玩出单一茶的多样性

这样的制茶方式，虽说增加了茶饮的饮用期限，保存了风味，但烦琐制作流程的背后还有更多考验等着杨纮璋。

正因制作过程繁复，既需要足够的空间摆放相关设备，而不需要耗费制作时间、人力；另外，面临各地区市场承租面积计算方式不同的问题，把这样的店型复制到世界各地，店租成本随即提高，最受影响的就是运营成本。

种种不利因素迎面而来，再度迫使杨纮璋不得不面对设备调整的问题。经过多年研发，在 2019 年正式推出了以茶馆机为概念的"圆石茶馆"，将冷却、处理饮料机制整合在一起，冰镇保鲜又干净卫生。特别的是相关管线、设备都是采用食品级等级，消费者在饮用上都能更加安心。过往方式，前后场所需空间相加，需要 70 平方米左右的空间才能应付，经调整后，仅需要 33 平方米大的空间即可。充分发挥面积极大化概念，不仅将吧台长度控制在 2.8 米、前后吧台台面深度保持在 90 厘米，且彼此之间还留有一定的距离，一来操作人员彼此不会受到干扰，并维持前后台人员可以各司其职，确保制作饮品时的干净与卫生，二来简化饮品制作方式后，大幅降低人员配比，有效做好人工成本的管控。

新形态的店铺中，不只有茶馆的冰镇茶，另外还有所谓的冰滴茶、氮气茶、手冲茶等。杨纮璋解释，面对如此竞争激烈的市场，除了拥有核心技术与能力，另得搭配精准的控制成本，才能突围茶饮通路的发展。于是他投入资金开模打造冰滴壶，添购手冲与氮气设备，玩出单一茶的多样性，也走出与市场不同的路；更重要的是，不用再像过去得备足原物料，变相形成一种负担，再者也能把品项的深度发挥到极致。

放慢脚步、观察市场，借此找到其他的经营商机

既然成立品牌又开放加盟，但为什么店家数却没有急速地在市场上攀升？杨纮璋坦言，过去的制作方式、店型模式，的确在发展上有所受阻，这也是圆石禅饮没有快速展店的原因。

不过，这样的放慢脚步也未必全然吃亏，先前因产品包装、制茶技术，也使得杨纮璋在顺应餐饮 4.0 时代中，又有了新的发想与推广。

在经营圆石禅饮 10 年后，杨纮璋萌生催生新品牌的念头，想借由新的消费形态刺激市场。他关注到新形态的销售是必须扣合网络营销，通过网络声量制造话题。于 2018 年 4 月推出新品牌——"极渴"，便定位为网红店，要能在网络世界产生话题，饮品必须具备颜值与特殊性，于是杨纮璋将之前想推出易拉罐装茶饮的想法运用其上，"最初原想找铝罐，但无法将饮品的'颜值'给呈现出来，直到后来才找到塑料结合铝盖的易拉罐包装。"推出后，不只开创茶饮包装新的里程碑，更结合新的煮茶设备，研发出惊艳视觉，效应逐渐在网络上扩散开来，仅推

2018 年 4 月推出新品牌——"极渴"，其便定位为网红店，不仅开创茶饮包装新的里程碑，所推出的饮品还惊艳消费者的目光。摄影＿蔡宗升

"极渴"结合新的煮茶设备，研发出充满颜值的饮品，由左至右分别为"热情如火""花样年华"与"柔情似水"。摄影_蔡宗升

出一年便快速在各地开店，目前已进驻越南、马来西亚等地。

当然这样的易拉罐装茶饮也让杨纮璋找到许多市场销售机会。他解释，面对新时代的销售，必须线上与线下整合，除了线下店铺的成立，也借由这样的包装，打开线上的贩卖。他举例："单瓶组成1箱20瓶的包装，经线上订购，再通过快递配送，便能打破距离送到消费者手中。"

另外，易拉罐装包装也能在团购渠道、贩卖机中销售，借由不同渠道的推广，延长饮品的贩卖。目前极渴、圆石禅饮，都已推出了店铺结合贩卖机的示范店，就算店铺打烊，仍可有效延续销售。杨纮璋直言，贩卖机销售是接下来的推广主力，它彻底打破饮品店的销售方式，具有机动优势，可随时依据销售状况做地点的调整，再者所需面积不大，也能减少经营者的负担。

细看圆石禅饮一路的投入，历经不少的调整与修正，但这样的辛苦全然没有白费，反而一点一点地反馈在新兴品牌的建立以及新形态的销售模式上，在严苛市场中找到更多的经营商机。

店铺运营计划表

品牌经营

品牌名称	圆石禅饮
成立年份	2006 年
成立发源地 / 首间店所在地	中国台湾，高雄 / 高雄
成立资本额	1269 万元
年度营收	不提供
直营 / 加盟占比	直营 10 家，加盟 50 家
加盟条件 / 限制	需 2 人专职营业，对经营饮料有热忱；需配合总公司的指导管理与经营规划；需设立商号，办理营业登记
加盟金额	约 40 万元
加盟福利	总公司完整教育训练，新品上市教育训练，营销与运营规划资源提供

店面运营

店铺面积	30 ～ 50 平方米
平均客单价	约 15 元
平均日销杯数	约 400 杯
平均日销售额	不提供
总投资	43 万元
店租成本	1 万～ 2 万元
装修成本	不提供
进货成本	不提供
人工成本	20% ～ 25%
空间设计者 / 公司	圆石禅饮股份有限公司

商品设计

经营商品	冰滴茶、冰镇茶与自制粉圆
明星商品	复刻红茶、冷泉玉露与复刻奶茶
隐藏商品	随时推出新口味粉圆
亮眼成绩单	会员日单店单日最高消费 3000 杯

营销活动

独特营销策略	会员日、首创方瓶回填折扣、结合贩卖机
异业合作策略	健忘村电影、7-11 渠道

开店计划步骤

2006年 .... **2018年** .... ➤

成立圆石禅饮并开设首间直营店

成立"极渴"品牌并开设首间店

店内风格慢慢地不断做调整，此为法国奥斯曼分店的效果图。图片提供＿鹿角巷

文／余佩桦　摄影／江建勋　图片及资料提供／鹿角巷

鹿角巷

面对一片火热、竞争的饮品店市场，鹿角巷创始人兼执行长邱茂庭以自身设计专业切入，主动抛出经设计过的高颜值饮品，使喝茶成为一种时尚美学符号，让顾客留住记忆并因此带来话题，独有的思维让全球消费者都愿意尝鲜甚至紧紧跟随！

品牌信息

2013 年正式成立，以"坚信茶饮喝的是一份感受，品的是一份幸福"的想法，将茶饮品推广至世界各地。

鹿角巷成立于2013年，在那之前，邱茂庭在经营设计公司，也担任大学讲师，突然兴起想从事副业的念头，再加上当时正掀起一股创业热潮，心想不如就试试看吧！

既然是非商业本科出身但又想创业做生意，他便从自己有兴趣的项目思考，"自己爱喝奶茶、饮料，再加上饮品业进入门槛低，于是就这么踏入饮品产业之中。"邱茂庭回忆。

逆向操作以设计角度切入市场，是创造差异的开始

想当然创业没有那么容易，品牌成立最初邱茂庭也遇上了难题。不过，既然踏出了第一步，当然不想这么快放弃，于是他向同样有在经营饮品店的朋友请教，从那之后便有了较明确的概念，例如茶饮的制作、该推出什么品项等。

不过，细看产品线，邱茂庭知道唯有"差异"才能引起消费者关注，他反问自己："属于鹿角巷的差异是什么？"倘若走与市场相同的路绝对看不到机会，于是他念头一转，"何不从设计角度试试？"在当时，饮品业尚未对设计多有着墨，他逆向操作，无论店面、LOGO、包装甚至到饮品，渗入设计诉说自己有力的故事。

或许是设计相关专业出身，邱茂庭知道"让人留下记忆的重要"，首先他留意到

当时市面上饮品店品牌多以文字为主，于是转而将鹿的头像作为 LOGO，字形、读音、图像三者均能串联，既能让招牌醒目又能快速被大家记住。

当然逆向操作的还不只这点，对应到产品面亦然。"茶能不能再有趣点？"于是他从饮品本身去思考，既从饮品颜色上着墨，也在瓶装、杯身做改善，让喝茶成为一种兼具时尚、美学的符码，再一次通过设计加深消费者对产品、品牌的印象。除了外包装，对于喝法的体验，同样做到主动出击教授，让你想不跟风都难，以黑糖鹿丸系列为例，插入吸管先喝第一口，之后搅拌 9 下后再喝混合过后的味道，从视觉到口感、从搅拌前到搅拌后，都有着不一样的感受。

放大饮品店格局，加入不一样的想法

除了这些，2016 年拓展市场也是一个重要转折点。邱茂庭意识到不能靠着复制中国台湾一代店的想法进入海外，毕竟外国人喝饮品的消费习惯有很大不同。于是他开始在店面下功夫，正当市场上饮品店多追求明亮设计时，他再一次逆向而行，大胆地以颜色、风格感力道均强的工业风为主轴，如黑色系加上红砖，再辅以鹿

每间店都会针对环境、空间做微调，但大原则该有的意象元素都不会少，此为中国香港九洲新世界分店的效果图。
图片提供＿鹿角巷

预计调整后的风格中，工业感的味道会轻一些，好让进来的消费者能更感到放松。图片提供_鹿角巷

头 LOGO，整体带点神秘感，立即与市场做出差异。再者他也在环境中放入 3 种座位，沙发、板凳与长桌椅，"有了这些家具你不会只有外带一项选择。"可以坐下来进行不一样的空间体验。当然设立这 3 种形式的座位也别有用意，沙发的舒适性有助于放松；板凳背后考虑的是翻桌率快速；至于长桌椅则是有利于商务客群的使用，依据各个店铺环境做比例上的安排。

要吸引消费者上门的频率，绝非只有空间，产品布局亦是关键。"若单只是买茶饮，来店的消费可能 1 天就只有 1 次，如何刺激他们的消费频率？产品线的延伸就变得重要。"跨过单纯只买饮品的第一阶段后，邱茂庭开始进入贩售周边商品的阶段，提供像杯子、随身瓶等周边小物；当店内的销售品项变多、变得有趣、变得与其他店不同，消费者想再光顾的概率就随之提升。随着周边商品的推出，而后又再延伸出贩卖轻食的概念。

不过，随时间点走到现在，邱茂庭在 2019 年又尝试再做点改变。他认为，过去的工业风格稍嫌重了点，会改以轻工业风为主，但基本元素都不会少，借助不过重的颜色让上门的消费者能感到放松。又设计出一些与消费者对话的空间，像加入开放式吧台等，不只是泡一杯茶给顾客，而是让彼此能进行交流与互动。

鹿角巷创始人兼执行长邱茂庭。摄影＿江建勋

具高颜值性的"北极光""晨曦"，一推出便创造市场话题，吸引顾客争相抢购。图片提供＿鹿角巷

因应各地口味，研发适合的饮品

邱茂庭明白要与各地的消费者对话，除了以设计角度创造产品亮点、多方尝试跨界联名合作外，最终仍是要回归产品核心。"一个产品光有华丽外观，作用起不了太久，最终还是要回到本质，让茶饮做到真正好喝，相辅相成才有办法获得消费者喜爱，甚至经营也才能长久。"

就像当初，为了要让其他地区接受也思考了一段时间，最后找出两项大原则，一是口味不能太复杂，二是要结合饮用习惯，于是把黑糖放入产品线推出了"黑糖鹿丸系列"，其中又分别做了鲜奶、可可、抹茶等3种口味：鲜奶大众接受度较高；可可则较能迎合西方人的口味；至于抹茶则偏向日系。推出至今，该系列一直受到各地消费者的喜爱。

品牌至今已在多个国家及地区开店，全球约有200家店。面对接下来如此竞争的市场，邱茂庭认为，唯有回到初心，经营品牌的过程中才不会迷失，将持续通过设计差异带来不一样的饮品店空间甚至产品。

店铺运营计划表

品牌经营

品牌名称	鹿角巷
成立年份	2013 年
成立发源地 / 首间店所在地	中国台湾，桃园 / 中坜市
成立资本额	47 万元
年度营收	5 亿～6 亿元
国内 / 海外占比	全球约 200 间
直营 / 加盟占比	直营约 100 间
加盟条件 / 限制	不开放加盟
加盟金额	不开放加盟
加盟福利	不开放加盟

店面运营

店铺面积	30 ～ 100 平方米
平均客单价	依地区而有不同的售价（每杯约 35 元）
平均日销杯数	600 ～ 700 杯
平均日销售额	3000 ～ 9400 元
总投资	23.5 万元
店租成本	依店面大小不同
装修成本	不提供
进货成本	不提供
人工成本	不提供
空间设计者 / 公司	有乐创意设计有限公司——鹿角巷设计团队

商品设计

经营商品	茶饮、奶类饮品、水果饮品
明星商品	黑糖鹿丸鲜奶、雪莓鹿鹿、青柠番石榴、白桃乌龙、皇家九号系列饮品
隐藏商品	季节性饮品：橙香鹿鹿；话题性饮品：北极光、晨曦
亮眼成绩单	黑糖鹿丸鲜奶年销 500 万杯

营销活动

独特营销策略	· 每月固定式的饮品优惠 · 集点活动，例如集满 10 点免费送 1 杯或是鹿角巷设计商品 1 份
异业合作策略	跨界结合时尚品牌、人气电影合作联名饮品；合作对象：雅诗兰黛美妆品、PUMA 时尚运动用品、资生堂、电影《一万公里的约定》、电影《女儿国》、《美丽佳人》杂志活动、温州音乐演唱会等

开店计划步骤

2013年 3月	2013年 7月	2013年 9月	2013年 12月	2014年 1月	2014年 7月
开始筹备	正式开业	第三个月开始加入创意营销手法维持市场热度	第五个月面临季节转变以产品做销售因应	第六个月，获利开始逐渐累积	开业 1 年，获利正式打平

175

空间设计上，以品牌颜色紫色作为贯穿，另外也加入一些风格元素，借助不同材质的搭配运用，
创造不一样的店铺印象与感受。摄影＿ Amily

文／余佩桦　摄影／Amily　资料提供／Chatime

Chatime 日出茶太

以"有日出的地方就有茶太"作为 Slogan（口号）的
Chatime 日出茶太，继 2018 年领先亚洲餐饮品牌进驻法
国巴黎罗浮宫后，开创广阔新兴市场仍是目前重要目标，
为的就是将好茶与新兴茶饮体验文化，带向全世界。

隶属于六角国际事业股份有限公司的Chatime日出茶太成立于2005年，回顾当时，竞争相对激烈，除了进军国内市场，品牌也不断思索走向国际的可能，走出自己的路并在市场中胜出。

发展一定的标准作业流程，有效率且快速地走向各地

六角集团发言人谢婷韵谈道："当时品牌成立时，市场上其他品牌早已将珍珠奶茶竞争做到一个相对白热化、相对激烈的情况，于是创办人便开始思索，是否还有走向其他地区市场的可能。"

也正因为这个念头，便开始从根源思考，尝试加入新观念，好让茶饮能够有系统地被输出。谢婷韵解释："过去制茶，诉求亲手调制，但光是制茶这件事，除了人为因素，天候中温度、湿度亦息息相关。为了降低制茶过程中干扰因素，好让每一杯的茶质量、口感更趋稳定，Chatime 日出茶太导入'科技茶饮'概念，即推出了第一台煮茶机。""或许在当时有很多不同的声音出现，但我们知道通过煮茶机里的'三定技术'，即定时、定温、定量，既能维持好的茶质量，也能让好风味完整地呈现给消费者。"她也进一步分享，曾经有加盟点店选址于高原地带，由于高原与一般平地环境不同，煮茶机产生茶煮不沸的情况，于是，当下立

即反应并重新将机器做调整，不仅让煮茶机适应高压环境、茶能煮得沸，也让当地人都能品尝到中国茶的好滋味。

当时，虽然 Chatime 日出茶太敢于导入科技茶饮概念，但其背后也是承受了不少抨击。谢婷韵回忆："很多人看到我们推煮茶机，就说你们就是不会煮茶、没有煮茶师才需要设计这个……但是，事实并非如此……"原来这与创办人王耀辉科技专业背景有关，要开拓，势必在煮茶技术、原物料质量与供给、设计等各项管控上有一定的标准作业流程，如此一来既能快速产出并输出，也得以提高品牌竞争力。

除了煮茶技术，相关设计、物流、管理、财务、营销等，均以套装概念输出，让相关作业、程序建立在 SOP 制度下并一并到位，这不只成为运营重要基石，还能

六角集团发言人谢婷韵。摄影_ Amily

台北天成店内设有打卡墙，满足时下年轻人拍照、打卡的需求。摄影_ Amily

受消费喜好逐渐转变下，Chatime 日出茶太开始尝试在店内设有座位区，像台北天成店便利用空间规划了高脚吧台形式的座位设计，让消费者可以短暂停留下来好好喝杯茶、品尝茶的滋味。摄影＿ Amily

快速复制并有效率地发展。于是，在品牌成立 4 年后，以授权代理模式进军澳大利亚，自 2010 年起，Chatime 日出茶太靠代理商扩展世界各地版图，至今开店足迹横跨六大洲、超过 38 个地区。

重视食品安全认证，释放部分品项自主调整权让饮品更接地气

开拓市场对于茶饮质量、原物料成分标准与认证更是不敢马虎。历经 2011 年塑化剂风波，虽然 Chatime 日出茶太自主通报某供货商疑似染塑，主动回收商品送检，最后证实未含有塑化剂成分，但这已对品牌形象造成影响。谢婷韵谈道："向来输出到各地的原物料，都有经过检验，但在该事件后，对于珍珠、茶叶等，在

店铺规划中加入座位设计，让消费者买茶饮不只有外带选择。摄影__ Amily

输出前不只要经过总部、SGS 检验，更要通过 TFDA 的检验。如果使用当地原物料则必须符合当地的食品法规、认证，甚至是食用禁忌也得一并考虑进去，好让各地人在食用上能更加安心、放心。"

除了对于饮品食安问题加以把关外，对于口味研发也投入相当多心力，让人见识到茶饮口味的再创新。谢婷韵指出："我们每年都举办代理商大会，会中便会亮相下一年度 6～10 款的茶饮新品，并于每季都会推 1～2 样新品，好让消费者每回上门都有新鲜感。"像现今大家都追求养生，所推出的"高纤燕麦茶拿铁"，或是冬季时分则推出"顶级黑松露可可"；因应现今火红的颜值饮品概念，也趁势推出"极光鲜柠冻饮"，以品牌主色的紫色作为研发概念，搭配新鲜现榨柠檬原汁与天然蝶豆花果冻，让茶饮兼具口味与外观视觉的呈现。跟着趋势、节令，玩出茶饮的多样性，也让各地人有不同的饮茶体验。

品牌也给予各地代理商一些弹性，好让茶饮能更接地气。谢婷韵解释，总部会赋予加盟商 20% 的品项自主调整权，好让他们去发展属于当地的口味。例如像马来西亚当地盛产榴梿，因此他们有所谓的"榴梿奶茶"品项，突显当地既有特色，口味也能够被当地绝大多数人接受。

一致性的紫调用色，让人对品牌留下深刻印象

Chatime 日出茶太在店铺的规划上，除以品牌颜色紫色作为贯穿外，另也揉入些许风格元素，借助不同材质的搭配运用，共同提升店面的质感，也让人留下深刻

"极光鲜柠冻饮"是将新鲜现榨柠檬原汁与天然蝶豆花果冻结合，呈现出渐层视觉，再搭配限定"花果设计杯"盛装，清爽酸甜的口感，兼具口味与外观视觉的呈现。摄影＿ Amily

消费者喝饮品不只口感要好，视觉也要美观，Chatime 日出茶太也推出渐层饮品，让茶质结合颜值，征服消费者的味蕾。摄影＿ Amily

现代人追求养生健康，特别推出
"高纤燕麦茶拿铁"，让喝饮品
也能健康一下！摄影＿Amily

印象。以台北天成店为例，整体以紫色融合轻工业风格，店中还有时下流行的打卡墙，既成功突显品牌本身精神，也借助不同元素突显出活泼、年轻的风格！店内也一改过去冗长、繁复的菜单品项设计与展示，在有计划性地精简后，让搭配显而易见的广告牌设计，整体变得更简洁利落，消费者入店也能快速地找到想喝的饮料。

过去购买饮品多半以外带形式为主，但随消费喜好的转变，以及不同国家及地区饮用习惯上的不同，店铺规划中也开始尝试加入座位设计，让消费者买茶饮不只有外带一种选择，而是可以短暂停留下来好好喝杯茶、品尝茶的滋味。

Chatime日出茶太持续在全球市场开枝散叶，展望未来，谢婷韵表示，全球茶饮产值约美金500亿元，因此对于这个市场仍是看好。接下来仍会持续耕耘当地市场，预计将会再开设几家直营门店；还会再持续积极拓展其他地区市场，除了让插旗版图更完整，也希望能将好茶饮带到世界各地。

店铺运营计划表

品牌经营

品牌名称	Chatime 日出茶太
成立年份	2005 年
成立发源地 / 首间店所在地	中国台湾，新竹 / 金山街
成立资本额	约 84 万元
年度营收	2018 年度营收 8.9 亿元
直营 / 加盟占比	约 900 间
加盟条件 / 限制	不提供
加盟金额	不提供
加盟福利	不提供

店面运营

店铺面积	30 ～ 70 平方米
平均客单价	国内 8.5 元；海外 4.5 美元
平均日销杯数	不提供
平均日销售额	不提供
总投资	不提供
店租成本	不提供
装修成本	不提供
进货成本	不提供
人工成本	不提供
空间设计者 / 公司	不提供

商品设计

经营商品	茶饮品
明星商品	太极厚茶拿铁、珍珠奶茶、紫色极光、仙草烤奶
隐藏商品	季节商品：提拉米苏奶茶、黑松露烤奶
亮眼成绩单	黑松露烤奶荣获 2018 亚洲国际创新产品奖

营销活动

独特营销策略	国际环岛策略；全球品牌一致性
异业合作策略	创新、有趣、高质量的合作对象

开店计划步骤

2018年
快速达成六大洲市场布局

2019年
新增西班牙、黎巴嫩、冰岛等新兴市场，而印度尼西亚总店数上涨至 300 家，澳大利亚有望达成 150 家店，菲律宾也将步入百店行列

茶汤会四代店的店面设计以中国新古典风格为主，通过牌匾、木作桁架天花、窗花图腾、造型红灯笼等传统元素，辅以现代手法呈现。摄影＿王士豪

文／李奕霆　摄影／王士豪　资料及图片提供／茶汤会

茶汤会

创立于 2005 年的茶汤会，以专业、高质量的形象深植消费者心中。事实上，茶汤会所属之餐饮品牌春水堂，早在 1983 年便带动起饮品风潮，后来因考虑饮茶文化不应只局限在室内空间，而是洒落日常生活各角，遂于都会巷弄、市郊城镇开展外带专卖店，区分出不同规模的商业模式；2009 年起正式开放加盟，如今中国已有 200 多家店铺，海外已有 23 家店铺，其开枝散叶之势不容小觑。

品牌信息

成立于 2005 年，以"一杯幸福茶，一份人情味"作为口号，秉持"以茶会友"的初衷，严格为原物料把关，并通过具开创性的"调茶五诀""手摇八法"等 SOP，服务每位如挚友般的消费者，使其感受品牌对于茶饮的用心。

外带店的诞生并非原生概念的简化，而是便利化。茶汤会总经理刘彦邦提到，饮品店即便走出传统空间、向街边店铺转型，回归产品及服务面的经营依旧相同，正如品牌一路走来所贯彻的3项核心：严选原物料、调茶工法，以及"以茶会友"的文化传承，造就茶汤会于百家争鸣的市场持续站稳一席之地。

深究茶汤会广受消费者认同的原因，除原物料端针对来源及硬设备都有严明控管外，饮品调泡更是以首创的"调茶五诀：选、鲜、调、测、奉"，以及"手摇八法：抓、淋、熬、舀、压、泡、量、修"等 SOP 独步业界；同时亦专注新品研发，竭尽所能地满足各式消费者需求、因应多样的喜好变化，并有助于触及、开发潜在顾客群体。

刘彦邦表示，目前内部应对商品开发大概可分为 3 种形式：其一是定期举办创意竞赛，给予加盟者指定条件，以各自对于产品的认知及消费风向观察，进而诞生脱颖而出的新品；其二为编制内研发单位依据现有商品从事堆栈、组装，尝试不同可能；其三则来自外部需求，如为时令水果盛产期推出季节限定品。近来，部分门店也尝试贩卖热压吐司、冰淇淋等轻食小点，形成饮品之外的趣味选项。

复刻古典意象，转译茶文化之雅致风华

走访茶汤会最新的街边四代店，于 30 ～ 50 平方米不等的店铺中，可轻易窥见前述"以茶会友"的品牌要求如实反映在各空间语汇之中。刘彦邦解释，为呼应中华饮茶文化之盛行源于唐宋文人的推波助澜，整体视觉的灵感发想皆提取自中国新古典风格，以传统建筑内涵为底蕴，糅合现代手法演绎，同时保留玻璃材、石材、木材、铁材等材料的天然纹理，表现温润质地。

其中，高悬的牌匾上是创办人刘汉介以书法勾勒的中文 LOGO，不仅与骑楼的木作桁架天花共演怀旧，也寓意品牌源远流长之象征；窗花的几何图腾，运用英文 LOGO "TP TEA" 之拆解、变形，创造融合东西的差异乐趣；葫芦造型红灯笼隐隐透露真挚温暖的待客之道，旨在启动人与人之间的关系，并贴合品牌精神。

为此，刘彦邦补充，"茶汤会"之命名，意在传达"茶与茶""茶与人"及"人与人"的交流相会，企盼每位顾客最终都能借助茶的回甘余韵，感受满满人情。四代店也见证了品牌成立 10 多年来所面对的技术革新，新增电子广告牌，足见约 3 年 1 次的店铺装修翻新演变。

茶汤会从中英文 LOGO、CIS 企业识别、空间视觉到产品包装之规划，主要都由编制内的专责部门执掌操刀。刘彦邦认为，品牌设计若要妥善维持整体一致性，首先必须对其商业模式、经营理念明确定位，才能延伸出对应的材质、主题与辅助色彩、字体、文化内涵，并加以系统化；相较部分品牌可能选择先为总体设计赋予某种想象的可能，再去发想内容，"其概念来得更为原创，而非量产"。

聚焦店铺设计还可进一步察觉，其基地多以长条或方块形为主；这一切的思考立基须回到工作区域的动线安排。对此，刘彦邦指出，撤除仓储区不谈，门店主要可分成点餐、收银、取餐的"前场"，以及烹茶、煮料、调茶、组装的"后场"；然而，宣传饮品店的后场其实不像其他餐饮商空那么吃重，形式上多与前场存在同一场域、相互整合，仅利用设备作区隔，因此联结最初的基地选择，长形或方正格局更益于营造顺畅的动线，以提升工作效率。至于现场设备的尺寸评估，则

茶汤会总经理刘彦邦。摄影＿王士豪

茶汤会部分门店推出的限定商品热压吐司，其新设摊位也为原本单纯的饮品店店铺增添崭新面貌。摄影＿王士豪

受人为因素影响最大；考虑使用者需长时间站立，工作台面不宜过高或过低，否则容易造成疲累或肌肉酸痛等伤害。再加上每家门店人员的身高不一，遂在硬件上皆纳入可调整式设计，操作上更具弹性。

模块化运营协力，循序培养加盟主上手

综观茶汤会当前的布局，在中国台湾地区加盟与直营门店的数量约为 4：1，共225 家店铺。刘彦邦说，直营主轴以台北、台中、高雄等大都市优先，除考虑市场动能，这些城市也是教育训练中心所在，适合标准店型之呈现；其余乡镇城市则主要为加盟性质，彻底发挥各地方业者熟悉地形及商圈经营等长处。

谈到餐饮业最关切的选址策略，刘彦邦表示，茶汤会会先利用门店距离划定安全范围，避免同一区域中有过多门店，形成恶性竞争。他解释，这对多数客群属随机消费的便利超商来说，可能影响不大，但饮品店主要的经营模式为外带及外送，

多数顾客属目的性到达或派送，若门店太密集，反而容易造成消费者混淆。再者，也较不会锁定商圈一级战区，否则店租成本过高，会导致无法着力于产品本身，让本末倒置。

为提升店铺运营力，茶汤会设置了教育训练中心，负责开店前的培训、平时的回训（即调茶工法、质量确认等），以及新品研发后的技术转移等。另外，顾及农产原物料的质量可能由于产地、气候的不同而有落差，因此后续的饮品制备程序亦仰赖教育训练中心以实测方式微调。同时，门店、商圈经营与成本损益评估也都是重点培训项目之一，会善用视频等辅助性数据提供参考。

此外，刘彦邦特别提及组织分工中所配置的"担当"角色，负责从创业前咨询、学科及术科等知识学习，到开店后进驻辅导、管理经验传授，一路陪同加盟者，即业界常见的"督导"。那么为何改以担当称之？刘彦邦说，加盟者普遍对督导存有纯粹为巡店稽查的负面刻板印象，相对地，担当具有"责任担当"之意，可与加盟者共同分担责任，也同时拥有了共同回馈的可能性。

茶汤会明星商品"翡翠柠檬""珍珠红豆拿铁"与"观音拿铁"。图片提供_茶汤会

门店限定商品热压吐司拥有泡菜烧肉、爆浆珍奶、茶香肉蛋等多样口味。图片提供_茶汤会

掌握趋势脉动，形塑交互式新零售体验

论及蓝图规划，刘彦邦观察，市场正处新一波蓬勃发展阶段，丝毫未有衰退迹象。毕竟就某方面而言，饮品属"刚需产品"，介于食与育、乐需求之间；循此脉络，挖掘消费者需求将是品牌不断努力的方向。

另一方面，同业竞争俨然迈向白热化，无论在饮品开发或营销提案方面，似乎都已走到极致。但对此，刘彦邦并不感到畏惧，他深信前人所云，"市场不会饱和，只是重新分配。"因此在既有强项精益求精，求新求变、寻求更好的服务，强化消费的便利性，势必会成为市场生存之道。

茶汤会未来的经营规划重点之一会放在电子化上，包含线上与线下支付方式的整合，以及消费经验的优化，如减少等待时间、降低付款时的困扰、增进情报流通的顺畅度等，打造新零售体验。

原有的企业联名等跨界结合模式亦会持续，出发点仍紧扣消费者端，满足其追求新鲜刺激的欲望，或符合顾客群体年龄层偏好，争取品牌曝光度。例如过去与LINEFRIENDS、人气手机贴图"小学课本的逆袭"等在产品包装设计上的合作，以及与知名电视剧、电影的跨界赞助推广，皆引起不错的宣传反响并创造了好口碑。

最后，刘彦邦也提供给有志创业者两点思考提醒：其一在产品及服务上必须满足现行市场上无法被满足的需求与缺口，找出品牌的立足点及经营核心，创造差异化；其二则是意愿与价值观的确立，必须妥善评估自身条件，以及对时间、心力的投入程度。他坦言："开饮品店是门好生意，但很辛苦。"许多人十分向往之，但也不乏欲短线投资操作者；然而，饮品店当属 365 天的工作，急需实际参与、长期经营，并非把一杯茶饮泡好方能撑过一整年，而是每天都得保持热忱、维护相同的好质量。"成就餐饮业之本，也是最困难之处。"

店铺运营计划表

品牌经营

品牌名称	茶汤会
成立年份	2005 年
成立发源地 / 首间店所在地	中国台湾，台中 / 向心路
成立资本额	2800 万元
年度营收	不提供
直营 / 加盟占比	直营加盟约 1：4
加盟条件 / 限制	认同茶汤会品牌、对茶饮有兴趣及热忱，且愿意全职投入之长期经营者 加盟金额 55 万元（含保证金）
加盟金额	55 万元（含保证金）
加盟福利	·开店前准备：设店时之市场评估，店铺之设备、摆设、水电、装潢工程，经营、管理策略之指导、咨询，商品之管理、调理，协助人事管理制度之建立，辅导各项营业报表之制作 ·完整的教育训练：茶汤会经营理念及规章制度，POS 收银系统操作，产品认识及促销技巧，茶房岗位技能训练，内场初级、进阶课程，门店操作实习至少 60 天 ·总部不定期举办营销活动及品牌曝光 ·持续且定期开发新品并提供相关原物料

店面运营

店铺面积	30 ～ 50 平方米
平均客单价	约 20 元
平均日销杯数	不提供
平均日销售额	不提供
总投资	不提供
店租成本	视个别情况而定
装修成本	视个别情况而定
进货成本	不提供
人工成本	不提供
空间设计者 / 公司	不提供

商品设计

经营商品	原味茶、奶茶、茶拿铁、调味茶、鲜调茶、热压吐司、冰淇淋
明星商品	观音拿铁、珍珠红豆拿铁、翡翠柠檬、珍珠奶茶、新鲜水果茶、芋香翡翠拿铁
隐藏商品	热压吐司、冰淇淋（限定门店销售）
亮眼成绩单	招牌商品观音拿铁年销杯数可堆栈成 1700 座台北 101

营销活动

独特营销策略	每周三会员日（每月内容不同，例如指定饮品点数赠送、指定饮品单杯现折价、指定饮品加价购）
异业合作策略	LINE FRIENDS：其间推出联名纸杯、吸管、提袋、周边，周边包含茶护照、造型杯、扭蛋。小学课本的逆袭：捕捉小学值日生，邀请粉丝上传捕获值日生的照片；其间每周三、六于指定门店之柜台伙伴扮演值日生；凡至门店消费出示教师身份，即可享有消费优惠。电影、展览、电视剧合作：《血观音》、新海诚展、《麻醉风暴》

开店计划步骤

2005年 7月	2009年 6月	2013年 8月	2015年 1月	2016年 3月	2016年 5月
成立首家门店"台中向心店"	正式开放加盟	中国台湾开店突破 100 家	中国台湾开店突破 200 家	成立中国香港门店	成立中国上海办事处

2017年 3月	2018年 6月	2018年 7月	2018年 9月	2018年 12月
成立中国上海首家直营门店	成立新加坡樟宜机场门店	成立美国加州、日本东京新宿门店	成立日本东京丸之内门店	成立越南门店

刚开业的迷客夏永康店，维持店装该有的绿、咖啡、灰三色基调，但尝试加入不同材质，像吧台立面便以木栈板呈现，玩出空间新感受。摄影＿王士豪

文／余佩桦　摄影／王士豪　资料提供／迷客夏

迷客夏

自 2007 年成立首家迷客夏时，创办人兼董事长林建烨便坚持提供不使用添加奶精的饮品，改以鲜奶取代，逐步突破消费者味蕾并受到喜爱。从当初的叫好不叫座，到而今中国台湾门店也已突破 200 大关。

因缘际会下，林建烨顶下了间茶饮店，结下往后创立饮品店的机缘。2007年，他开了第一家"迷客夏"，店名直接由英文milk shop翻译而来。有了过去"绿光牧场"的经验，让他一直在思考产业优化的问题，既然选择重新再开始，那就要跟先前有所不同。于是从"迷客夏"开始便决定不贩卖添加奶精的饮品，同时也使用未经染色的透明珍珠。

业绩从一开始不好到后期缓慢爬升，同时也开始有人注意到迷客夏的品牌，成立不到 1 年就有人想加盟。"那时对于有人喜欢自己品牌觉得很感动，既然喜欢就让他挂名开店，同时还教授如何制作饮品……"不过，现在的林建烨回想当时这样的决定其实并不理想，"第一产品线既不完整、定价策略亦有问题，更没有所谓的仓储物流，最重要的是这品牌本身也不具备力道。"因此前期所开设的分店，面临叫好不叫座的情况。

直到遇到了现任的迷客夏总经理黄士玮，"转机"才开始。黄士玮回忆："那时台南佳里店一开我就去试喝，口味不错也是我所喜欢的。"但是店的所在位置，却让他产生能否生存下来的疑虑，"没想到一年后店竟然还存在，便激起了我想加盟的念头……"他进一步谈道："除了口味，再者是佳里店开始加入店面设计，与一般的饮料店很不一样，促使我想尝试看看……"

然而先前对店址感到存疑别无原因，原来在进入到迷客夏之前，黄士玮担任的是商超展店经理一职，专门进行展店业务，对于店面有一定敏锐度。"由于过去训练的关系，我认为地点选择相当重要，这不只影响后续成本摊提，还会影响到能否发挥产品的回转率是关键。"所以当他决定加盟后，首家店便设在麻豆区，且为三角窗店面，除了租金成本，亦投入了不少资金在店装上，让人不禁好奇，"未曾担心吗？"他笑说："还是会啊，承租下去的第一天就开始在担心了。"不过，过去的经验也证明了他的选址眼光，开店头一个月就赚钱，同期共有 6 家饮品店在竞争，但到后来都相继消失。"以前消费者没得选，可是一旦有了比较，差异自然就出来了。"他补充："两间店同时开在那，产品、店装都具有相对的优势，没有理由客人不来你这里买；当初单纯只是突破传统茶饮形式的想法，而今，也成为消费者愈来愈在意的一部分。"

除了三角窗店面准则，客层结构、停车便利性亦是重点

黄士玮首家加盟店的成功，也促使他与林建烨再合资开店，林建烨谈道："他从投入的第一间店就赚钱，对于选址、装潢也很有想法，最后便邀请他加入创业团队。"

进入迷客夏团队后，黄士玮亦持续发挥他的展店所长。可以看到在展店上有他一定的思维，在前 30 ~ 40 家店设立时，非商圈中的三角窗店面不可，以十字路口的三角窗为例，即能汇集两条马路的人流，自然杯数也能卖得比较多。"为了找到商圈中好的三角窗店面，花了不少时间等待，这也是为什么我们初期展店较慢的原因。"不过到了后期，陆续往台南以外的城市开店时，面临城市地狭人稠的问题，于是开始往平面店做发展，像是台南中华店、台北兴隆店的成功经验，都让团队们意识到商圈对了、客源对了，其实就有做起来的机会。后期开始不再坚持非三角窗店面不可，也逐步朝平面店发展，加速展店与布局的速度。

黄士玮的选址逻辑中也会评估人流、客源，例如所选的地点的住户数与组成结构，其中会再细探讨住户的年龄层、消费能力等，他解释，曾经有开店在年龄层比较低的区域，效果反而没有那么好。再者好不好停车亦是关键，因为买饮品的人多半是买了就带走，并不会特别开车慕名前来，倘若停车不方便，很可能就会降低

（左）迷客夏总经理黄士玮、（右）迷客夏创办人兼董事长林建烨。摄影_王士豪

空间装饰上加入乳牛意象的元素，让设计能与品牌精神相呼应。摄影_王士豪

前来的概率；另外，明显度也很重要，这是让客人会不会发现品牌的一大因素，可以在路上明显看到、发现到，就有可能通过眼球目光，引客上门。

店型不断调整满足时下打卡需求，设备改善优化工作流程

在这个注重眼球消费的时代，迷客夏亦在店装上下功夫。林建烨表示，希望店的成立能作为城市美好风景的一部分，用装潢来美化，并利用设计带出牧场意象，像是招牌中加入人工草皮，或是在吧台立面使用了木头材质，就像为城市多种一棵树般，唤起人们对牧场草地、土地的记忆。到了后期则出现变化，黄士玮谈道，为了让消费者到每家店有不同的感受，品牌在基调不变下尝试新材质，像是台南麻豆店的吧台立面就是以黄铜为主，通过不同的质感让店面更加精致与细腻；又例如刚开业的台南永康店就尝试设置了打卡墙，满足时下年轻人拍照打卡的渴望。

设计除了吸引眼球，也跟操作便利性、顺畅度息息相关。像依据面积大小配置双或单动线（即生产线前者 2 条、后者为 1 条），尽量保持足够的转身、过道空间，忙碌时也不会影响到茶饮的制作动线。林建烨指出，吧台设备的设计对于制作上多少也会有影响，过去也曾计算出制作饮料的所需秒数与步数（以单茶为例，最佳制作时间为 7 秒，最佳移动距离为 3 步内），若设备配置的位置不理想，造成人员在制作茶饮时行步数太多，一来人的疲劳度会加深，二来也会浪费制作时间影响出杯速度。林建烨进一步谈道，今年农历年后公司内部的教学中心便会开始

因应时下年轻人打卡风潮，此店面在设计时也加入"打卡墙"的概念，让民众可在这拍照打卡。摄影＿王士豪

迷客夏将乳牛图像用于包装设计上。摄影＿王士豪

启用新型的活动式吧台，先以销售前 20 名的商品来做测试，为的就是要让制作过程、速度更加理想化，既不影响质量也减少顾客等待饮品的时间。

研发不同群体皆能饮用的乳品，慎选合作方式做不同推广

在黄士玮加入后，林建烨说自己就能更专心投入在产品的品质与研发上。在 2012 年成立了迷客夏品牌创研中心，他谈道，由于我们使用了很多农产品，不只会受到季节影响，工序加工等也会产生变化，成立创研中心的原因之一便是希望能顾好产品质量，这样消费者饮用才能更加安心。值得一提的是，为了让乳糖不耐受的消费者也能享受到体质适合的乳饮，也研发出一系列的原生豆豆浆饮品，如"红茶鲜豆奶"，喝了不用再怕身体会感到不适，也能品尝豆乳奶茶的好滋味。

为了让更多顾客能触及更广，迷客夏也不断地在尝试多元的跨界合作。黄士玮认为，跨界合作为的就是要创造 1+1>2 的效果，加深品牌印象也有助销售。因此除了在找寻理念契合的行业（如银行、运动赛事）进行合作，也试图突破法则，就像在 2018 年以牧场冰淇淋系列产品打入商超连锁通路，不断带给消费者惊喜，也为自身开创新渠道。

成立初期仅 10 余家店，如今门店已突破 200 家。面对市场林建烨不敢求快，因为他知道品牌刚开始的艰辛，虽然市场会不断地更迭换代，但他始终相信健康要求是不会变的趋势，接下来仍持续坚持从产品、制作方面持续优化，创造出更多健康、好喝的饮品。

店铺运营计划表

品牌经营

品牌名称	迷客夏
成立年份	2007 年
成立发源地 / 首间店所在地	中国台湾，台南 / 佳里区
成立资本额	约 23.5 万元
年度营收	不提供
直营 / 加盟占比	直营 177 家，加盟 34 家
加盟条件 / 限制	25 ～ 50 岁、资金独立运作者、专职经营
加盟金额	约 75.2 万元（含原料费用）
加盟福利	复数店优惠、商圈保障

店面运营

店铺面积	70 ～ 100 平方米
平均客单价	10 ～ 13 元
平均日销杯数	600 ～ 900 杯
平均日销售额	1000 ～ 10000 元
总投资	82 万～ 94 万元
店租成本	1 万～ 2.4 万元
装修成本	35 万～ 40 万元
进货成本	9 万～ 14 万元
人工成本	20% ～ 28%
空间设计者 / 公司	迷客夏国际股份有限公司

商品设计

经营商品	单茶、鲜奶系列饮品、手作特调及豆浆饮品、瓶装绿光鲜奶
明星商品	珍珠红茶拿铁、大甲芋头鲜奶
隐藏商品	黑糖柠檬、柠檬绿茶
亮眼成绩单	总部与加盟店共同发起绿光公益计划，消费者单笔购买 6 杯，迷客夏就捐约 1.4 元给公益机构，3 年捐款突破约 430 万元（平均每年捐款超过约 141 万元）

营销活动

独特营销策略	品牌衍生商品，拉抬品牌声量： ·7-11 迷客夏冰淇淋、迷客夏法芙娜可可蛋糕 ·FNGx 迷客夏公益合作宝特瓶 / 塑料杯回收再制杯套
异业合作策略	异业合作资源交换：喝新品绿豆沙即招待在线看电影，ECOCO 环保空瓶回收做公益，即可享迷客夏饮品 2.35 元优惠

开店计划步骤

2004年 成立第一家鲜奶门店绿光牧场主题饮品

2007年 成立迷客夏国际有限公司

2012年 成立迷客夏品牌创研中心

2013年 开放迷客夏

2017年 2月 创立"果然式"品牌

2018年 创立"Milksha"品牌

春水堂原先以贩卖茶叶、茶具起家，1983年才正式跨足茶饮市场，创始店就砸下重本装潢，选用大量实木、金属及铁件等精雕细琢，相信诚意十足的设计让顾客也能感受到。图片提供_春水堂

文／高子涵　摄影／王士豪　资料及图片提供／春水堂

春水堂

春水堂于1983年创立，迄今已迈入36个年头，创办人刘汉介坚持东方独特之茶饮思维，提倡将生活四艺，插花、挂画、音乐以及文化呈现于店铺之中；同时，结合西式吧台之供应形式，将传统热茶转变为冰凉甜茶贩卖，努力推广茶冷饮化，也成功开创出冷饮茶之全新潮流。

品牌信息

春水堂由刘汉介创办，以古为本、以新为体，创立于 1983 年，店内贩卖冷饮茶，采西式吧台供应形式，融合东方传统茶饮思维，引领划时代的茶文化革命；目标让茶融入生活、让生活处处有茶，品牌深耕至今，已成为中国台湾经典茶饮代表。

我们最初是从卖茶叶、茶具起家。谈及创业契机，春水堂协理刘彦伶解释，经典茶饮"泡沫红茶"并非家中主业，甚至也未曾想过经营饮料市场，之所以开创研发，全是父亲为了解决茶叶供应需求问题，应运而生的想法。她说明："高山茶4、5月卖春茶，11、12月卖冬茶，在7、8月夏季时节刚好没有茶可以卖，为了解决夏季饮茶的需求，父亲特意走访大阪，将盛行于日本"吃茶店"啜饮冰咖啡的文化带回中国台湾，泡出冰凉的泡沫红茶。"凭借对茶叶的深刻了解及坚持，采以纯红茶茶叶泡茶，口味与带有中药、决明子的传统味道红茶大有不同，让"饮茶"从此更多样化、年轻化。

除了饮品的创新研发，采用西式吧台的供应形式也在当时形成话题，成为春水堂的一大特色。刘彦伶认为，外带的贩卖形式之所以获得好评，是由于传统茶饮仪式性的步骤繁复，年轻人相对接触困难，引进西式吧台正好解决了这个问题，"喝茶其实有点麻烦，比起品尝内容，更像是一种仪式，还得搭配茶具依序进行，当时，我们开始思考有没有其他方式可以供应中式茶，让年轻人也愿意接触、感受，甚至爱上喝茶。"保留了传统茶叶的香气滋味，去除品茶的烦琐步骤，春水堂成功将饮茶文化，以更亲切的姿态融入大众的生活中。

完整消费体验，长远深耕地方

另一方面，春水堂也始终以"提供完整消费体验"为经营目标努力，刘彦伶说：

"我们相当重视空间氛围、人文服务以及产品内容等方面，每家店也是以创造舒适的环境作为核心思考、设计。"这样的坚持，具体展现在春水堂的店铺设计中，她进一步说明："我们一定会有端景、转折以及特殊的插花点。"充满转折是为营造柳暗花明又一村之感；插花点严谨地穿插于各角落，是期待借镜自然于室内中，通过精准的细节堆栈，将东方人文、建筑的重要思维活用于饮品店空间中，不但使环境格外富含诗意，也成功塑造东方茶饮指标性的地位。

打从春水堂创立之初，就秉持对整体空间的高度的坚持，投入大笔装潢费用，采用实木、铁材以及金属元素精雕细琢，甚至后来花费 3 年时间才取得收支平衡，开始回收装修时投入的资本。提到开店策略，刘彦伶表示："需要投资多少资金开 1 间店，要看最初对经营的想法，经营 3 年或甚至 10 年的思维完全不同，如果想经营 10 年以上，要反问自己，现有的设备可以撑多久，多久换一次，我们

春水堂协理刘彦伶认为，身处竞争激烈的饮品市场，坚持初衷更为重要，期待春水堂持续坚持质量、优化服务，努力成为大众生活的一部分。摄影＿王士豪

春水堂以长远的策略经营每一家店，并期待与当地人建立深刻的互动交流，以成为大家的客厅及厨房作为目标努力。图片提供＿春水堂

都希望能长远地经营，也相信做出认真经营的态度，客人是能感受到的。"春水堂最初就以长远经营的策略深耕地方，成为建立与客人之间深厚情谊的关键。

鼓励新品开发，重视服务现场

在产品内容上，春水堂选用斯里兰卡的圆叶红茶、自家生产的蔗糖，以及不含防腐剂需低温制作、冷冻运送的珍珠，通过严谨态度为经典饮品"珍珠奶茶"的品质层层把关。除了坚持经典饮品的原料及制程，亦同时鼓励、开发新产品，刘彦伶分享："我们的商品创意并非源自神秘研发，而是固定举办内部比赛，让员工可以自由参与、分享新品创意。"她相信，创意来自于现场，通过比赛的方式能够提升员工的参与度，也真的因此成功研发许多别具特色的饮品，例如"观音吉祥""菠萝冰茶"以及"乌金状元"等。

此外，春水堂也乐意向世界各地前来的游客分享饮茶趣味，"我们在六七年前开始跟相关机构合作推出'珍珠奶茶 DIY 手摇体验'课程，让前来深度旅游的背包客可以借助参与活动，了解珍奶如何制作，以及背后的发展故事。"刘彦伶也表示，观察到近两年亲子活动盛行，也为小朋友量身打造"小小调茶创意家"活动，让小朋友亲自设计自己爱喝的饮料，"茶饮本身变化很多，可以加入牛奶、粉圆等，其实就是让他们尝试发挥想象力，变出很多东西。"春水堂不仅专注商品内容本身，也努力联结当地文化、落实推广工作。

回归服务层面讨论，刘彦伶表示："服务的原则其实很简单，希望跟客人就像是朋友一样，我们也都跟店长说你就要像老板一样，当成是你自己的店，怎么招待朋友，就以同样方式招待客人。"春水堂不以贵宾称呼光临的客人，而是鼓励像招呼朋友般的服务，将"亲切却不制式"作为服务哲学，营造出轻松舒适的顾客关系，她补充说明："我们的顾客群体区分为很多类型，固定每天早上来的就是同一批人、吃一样的东西，所以我们鼓励员工认识客人以及了解他们吃什么、坐哪里，给予一种 VIP 服务感，员工客人间彼此认识，会形成不一样的归属感。"

春水堂引渡宋朝生活文化的茶饮思维，将东方独有的特色具体呈现于店铺设计之中，并将坚持餐点质量、注重人文交流作为品牌核心理念，强调提供完整消费体验的重要。图片提供＿春水堂

春水堂将传统热茶转变为冰凉甜茶，摇出第一杯冷茶"泡沫红茶"，开创冷饮茶的新潮流；并将粉圆与冰奶茶、柠檬红茶做融合与调配，多重风味深受喜爱。图片提供_春水堂

春水堂每3年举办内部"创意冷饮质量鉴定竞赛"，鼓励员工发挥创意，经过专业评估调整、上市贩卖，推出期间限定创意饮品。图片提供_春水堂

回归初心经营，走入大众生活

提及未来开店规划，刘彦伶表示，运营主力仍会放在当地，"我们的目标是想要走进大家的生活，所以只要是人口密集的地方，我们就愿意持续发展，提供好的服务跟空间。"春水堂深耕当地，尤其重视与当地之间的互动连接，以安心、用心的形象持续开店，目前全台湾地区已有49家门店，其他地区有14家，稳扎稳打的经营策略，使其成为相当具有指标性的人文茶馆品牌。

面对竞争激烈的饮品市场，刘彦伶认为比起随市场需求改变定位，回归初衷思考更重要。"虽然大家会一直希望推新商品，可是推出来后，还是只点之前吃的，很难转换，也因此空间环境是否舒服、餐点是否安心、家常，对我们来说更重要。"春水堂以"成为大家的客厅及厨房"作为品牌最终之目标努力，保有创立初心，坚持餐点质量、注重人文交流，是其能历久不衰的关键要素。

店铺运营计划表

品牌经营

品牌名称	春水堂
成立年份	1983 年
成立发源地 / 首间店所在地	中国台湾，台中 / 中西区四维街
成立资本额	不提供
年度营收	不提供
直营 / 加盟占比	直营 63 家；皆采直营，无加盟
加盟条件 / 限制	皆采直营，无加盟
加盟金额	皆采直营，无加盟
加盟福利	皆采直营，无加盟

店面运营

店铺面积	230～260 平方米
平均客单价	59～66 元
平均日销杯数	约 850 杯
平均日销售额	3.4 万～4.7 万元
总投资	不提供
店租成本	不提供
装修成本	不提供
进货成本	不提供
人工成本	不提供
空间设计者 / 公司	均由春水堂自家设计总监规划设计，并有固定配合的装修厂商

商品设计

经营商品	单茶饮、文人茶、茶食点心、饭/面食
明星商品	珍珠奶茶、招牌红茶、功夫面、招牌卤味豆干米血
隐藏商品	无
亮眼成绩单	1年卖的珍珠奶茶数量可以盖3栋101大楼

营销活动

独特营销策略	平日中杯饮品均85折
异业合作策略	结合当地诗人推出"诗文杯套",将15位诗人作品印制在限量背套上

开店计划步骤

1983年 5月
在台中创立阳羡茶行

1997年 1月
台中朝富店开业,作为旗舰店接手企业教育训练

2011年 10月
桃园二航店开业

2013年 7月
日本代官山店是日本春水堂1号店,为展望国际向前迈进

2014年 3月
日本表参道3号店开业,为日本春水堂的旗舰店

2014年 10月
日本饭田桥4号店开业

2017年 4月
阪急西宫店开业,进军日本关西第一家分店

走进台南南纺购物中心店，映入眼帘的是明亮通透的宽敞空间，以及新颖时尚的现代设计，不论是以茶罐陈设为造型的半通透隔间，或是大面绿化墙，皆摆脱了传统茶馆给人单调昏暗的刻板印象。摄影＿王士豪

文／李奕霆　摄影／王士豪　资料及图片提供／翰林国际茶餐饮集团

翰林茶馆

创立于 1986 年的翰林茶馆，以结合茶饮与中国台湾料理的复合式商业空间，广获人们青睐，成为休闲聚会的热门去处；目前全台湾地区门店已突破 70 家，2016 年起亦积极布局其他地区，逐步将传统东方饮茶文化之风吹向世界各地。

欲 回顾翰林茶馆这32年的悠远发展历程，恐怕得从创办人兼董事长涂宗和的故事开始谈起：涂宗和出身台南学甲，过去曾开设艺廊，因经常泡茶待客，逐渐与茶文化频繁接触，也发现到品茗的过程恰与绘画类似，需长时间投入、沉淀、酝酿，遂一头栽进茶的世界，甚至超越原本对艺术的兴趣；最后索性移居山林，亲至南投茶乡鹿谷学习制茶、焙茶，从此与茶结下不解之缘，进而在1986年成立翰林茶馆。

也正因为涂宗和怀有对于茶专业知识的深刻理解，明白面对原物料质量绝不可轻易妥协，遂将大部分技术掌控于总部，第三方亦皆经严格筛选把关，如惯用的粉圆便与制造商签署专属合作配方，坚持不使用防腐剂及人工添加物；茶叶更是不假他人之手，选用优质茶叶再由总部自行焙制，造就品牌能成功挺过食品安全风波，深受消费者认同信赖。

质量服务本位，挖掘潜力顾客群体

针对固定菜单外的新品研发，累积多年经验的翰林茶馆不论在饮品或餐点设计上，皆发展出 SOP，由编制内的专责单位及试吃小组负责，经向高层提案、密切讨论产生初步共识后，再与运营主管交流意见，并统合所有问题作调整，于北中南各遴选 1 家门店进行至少为期 1 个月的试售，视顾客反应及回馈来决定是否正式上市。

推开翰林茶馆"文化店"大门，由流水、烛光、竹制格栅引路，搭配内装的天然木竹纹肌理，佐以榻榻米、造型灯饰、温暖炉火与悬垂而下的铁壶等元素，营造日式禅风独有的静谧美好。摄影_王士豪

因应市场脉动与消费者的喜好变化，翰林茶馆期许研发部门每季都能产出最少 1 项新品提案。不过，翰林国际茶餐饮集团开发部经理黄政贤也强调，弹性满足顾客所需固然重要，但其初衷万不可迷失；茶饮品万变不离其宗的便是茶的质量，因此在与时俱进、求新求变之余，持续巩固原始最纯粹经典的畅销商品仍是关键。据他观察，人们的饮茶习惯与风气早已内化于日常生活，未来饮品店产业的趋势只会日益蓬勃，但致胜心法还是须回归经营之道，以及对于自我的坚持是否能有清楚定位。

身为运营已超过半甲子的老字号品牌，翰林茶馆的创新思维即展现在跨界结合的商业模式上，尽可能积极多方拓展合作单位，如近期与"俄罗斯普希金博物馆特展"联名推出 120 万个外带杯，民众只要凭合作宣传外带杯即享门票 7 元折扣，而持展览票根至翰林茶馆各大门店则享内用、外带餐饮 9 折优惠。黄政贤认为，跨界结合能为彼此创造双赢，一方面借助品牌自身的宣传广度替合作方争取曝光，起营销之效；另一方面则可协助品牌开发原本无法触及的潜在顾客群体。

分店据点广布，瞄准随机消费

翰林茶馆在各大城市皆可见其踪迹，无论是坐落街边路旁的门店、百货商场店，抑或在机场、高铁、公路休息站等公共交通空间，甚至连台北小巨蛋、高雄市立图书馆、凤仪书院等公共空间都有进驻，其版图分布之广，在一片餐饮红海中趁势突围。

无可否认，选址俨然成为一门学问，也是令许多饮品店有志创业者最为头痛、但偏偏又必须率先克服的一环。对此，黄政贤分享 3 个必知关键词，即"地点""人流"及"消费族群"。他解释，所谓地点并非选在都市蛋黄区就能保证成功，还要考虑其租金成本与自身的经济条件、商品属性是否能达结构上的权衡；再者，因为人流会受到不同区段、人潮动向及时间影响，有时必须仰赖土法炼钢实际观测，这对于属于随机消费的饮品而言尤其重要；最后则是顾客群体的厘清，反映当地是否有足够的市场需求，并关联产品的定价策略，不可不慎。

至于店面的大小评估，黄政贤也提出了独到见解："饮品店需要许多如纸杯、吸管、封口膜等的包装及材料，虽然不重但很占空间，对于店租成本将是非常大的负担；如果条件许可，不妨将仓储移往住处，仅保留点餐与饮品制备区。"然而相反地，若衡量交通成本后发现不太划算，那么也只能另辟储藏空间。

将与品牌高度联结的茶罐置放在"台南南纺购物中心店"的双面隔间墙上，使其成为装饰的一部分。摄影＿王士豪

"原创黑珍珠鲜奶茶"与"翡翠柠檬风味茶"为翰林茶馆店内人气明星商品。图片提供＿翰林国际茶餐饮集团

设计力求整体，串联视觉意象

一旦选址完成，便可着手设计，黄政贤按照翰林茶馆的一般作业流程辅助说明："首先会拿到基本制图，了解其装修限制与条件；接着利用平面图安排设备的配置，再由总务部门详列明细与规格，交由设计师绘制模拟图，同时与总部确立方向，才进到更为细部的制图，如立面、侧面、剖面、高视图等；最终，还要与运营部门讨论，依其店铺格局与动线经验提供意见修正，进而展开施工，作为水电、木工、瓦工等各工班与监工的参考依据。"

倘若进一步深究品牌设计，黄政贤则建议，建构起完整之 CIS 企业识别可说是一切的开端，亦有其必要，特别在新兴独立品牌的草创阶段，可帮助消费者产生联想、加深印象，助其在市场中脱颖而出；同时从 LOGO、包装到室内风格的表现，皆能依循此视觉脉络，形塑一致性。

以翰林茶馆的 LOGO 为例，其简约线条的灵感取材自如意及茶叶造型，后者延伸出"一心二叶"之形意，影射以茶起家、用心为本的经营理念。其嫩绿及仿金的主题色则演绎沉稳和谐的质感，除 LOGO 外，也常见于包材或是招牌与周边宣传品上使用，甚至还将其调性应用在空间美学之中，于各细微处尽显隐禅意与人文哲思，再三为品牌植入感性符码。

店铺运营计划表

品牌经营

品牌名称	翰林茶馆
成立年份	1986 年
成立发源地 / 首间店所在地	中国台湾，台南 / 中西区
成立资本额	940 万元
年度营收	不提供
直营 / 加盟占比	直营 70 家，海外代理 3 家
加盟条件 / 限制	不开放国内加盟
加盟金额	不开放国内加盟
加盟福利	完整教育训练、专人技术指导

店面运营

店铺面积	平均 200 ～ 230 平方米
平均客单价	内用 211 ～ 235 元，外带 35 ～ 47 元
平均日销杯数	完整教育训练、专人技术指导
平均日销售额	不提供
总投资	不提供
店租成本	不提供
装修成本	不提供
进货成本	不提供
人工成本	不提供
空间设计者 / 公司	不提供

商品设计

经营商品	茶饮、中国台湾创意家常料理、茶叶礼盒
明星商品	熊猫珍珠奶茶、翡翠绿茶、风味套餐、个人小火锅
隐藏商品	无

营销活动

独特营销策略	新店开业活动：珍珠奶茶买 1 送 1 集点活动：集满 5 点免费送 1 杯
异业合作策略	结合不同产业，推广茶饮文化，如春河剧团、普希金博物馆特展、台北电影节等

开店计划步骤

1986年 ···· **2004年** ···· **2016年** ···· **2018年** ··

成立首家翰林茶馆

成立文宣部门，出版专刊

美国旧金山店成立

门店突破 70 家

211

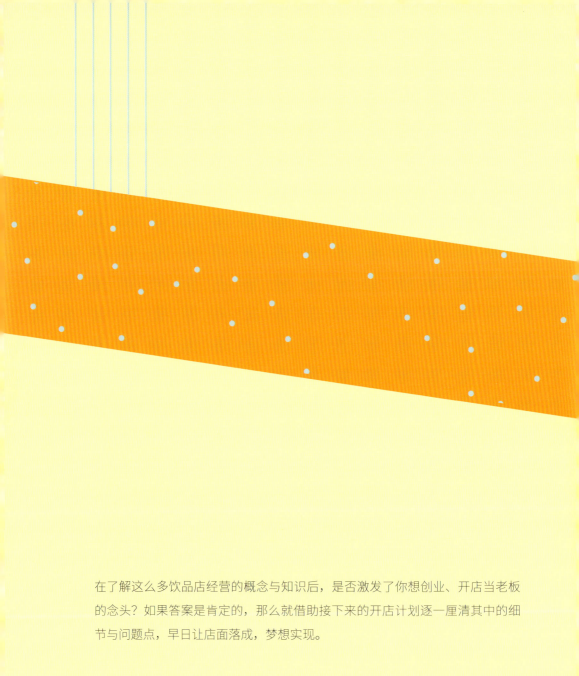

在了解这么多饮品店经营的概念与知识后，是否激发了你想创业、开店当老板的念头？如果答案是肯定的，那么就借助接下来的开店计划逐一厘清其中的细节与问题点，早日让店面落成，梦想实现。

第 4 章

饮品店
开店计划

开店计划　　　　店铺选址

人事管理　　　　设计规划

资金结构　　　　装潢施工

损益评估　　　　教育训练

物料仓管　　　　广告营销

开店计划

想开店当老板，得先认识到这项工作既辛苦又得承担风险，除了拥有足够的资金，还需要高度的热情，甚至必须得亲力亲为投入经营。开一家店没有想象中简单，在准备开店前，拟出以下几个开店计划中必确立的项目，一一确认过程中的每项环节，才不会因事前功课做不足、单凭一股冲劲，最后落得狼狈退场。

开店动机

想开一家店必定包含不同的想法，成立自己的品牌？想圆梦当老板？无论哪一种都必须清楚"获利"仍是主要目标，因为这是永续经营的必要条件！然而要营利则必须把"自我"放到后面，而是把"满足消费需求、创造来店消费理由"摆前头，如此一来，提供的商品、空间被消费者喜欢，进而才能有获利，否则一切都会变成压力。

经营形态

若过去无开店经验，对商品研发也缺乏专业，可先以连锁加盟方式，加入具有品牌信誉或有市场基础的优质品牌，一般而言，加盟总部会提供一套完整的教育训练、辅导，并提供必要的商品创新与后勤资源，可提高开店的成功率。即使想自创品牌，也可在先以加盟模式，提升对产业运营的熟悉度，在结束加盟合约后，再选择开设独立店。

了解定位

定位即在帮助品牌找到属于自己的市场位置，投入前先问问自己如何与众不同，价值与优势在哪？才能挖出与别人不同的市场定位。例如"迷客夏"创办人林建烨依靠奶制品行业版图，有设计背景的"鹿角巷"创办人邱茂庭，则选以设计角度切入市场，让优势奠定市场地位才能与众不同。

清楚客源

当定位已被树立后，即能知道自己锁定的客源为哪一个层级，例如男性？女性？年轻人？上班族？清楚客源后再去细探这样的客群多落在哪个商圈，以及哪个商圈已开发成熟，哪个商圈又尚未被开发？进而找出可进入的市场目标。

投资计划

就品牌加盟方式，加盟金内多包含设备、装潢费用等（依各家加盟条件有所不同），扣除这些还必须准备水电、人事、房租与押金、原物料等费用，甚至预备金也要先行准备，建议至少准备 6 个月至 1 年的预备金，以撑过开店初期不稳定的状态。

运营计划

既然选择开店便是希望获利，投入之前一定要仔细评估假设投入后的损益平衡点，愈快达成愈能及早让财务转正。一定要给自己压力且拟定几个获利目标，例如一家饮品店到底每天、每月甚至每年要达到多少营业额，才能损益平衡？投资第几年后要摊提完毕？第几年后开始回收赚钱？另外，其间若有增加投资的情况（如设备），一样也要并入计算，因为这同样也会拉长回收的年限。

人事管理

人工成本在开设饮品店中，是一项占比不少的支出。建议要做好相关的人力结构配置，随时依时段做盘点，才能制订出最有效率的人力配置，而不会形成人力浪费。

清楚了解人力需求

人力结构与服务容量有关，服务容量多寡又与所属地点及预期营收相关；规划人力结构前，可先估算所属地点 1 天能卖多少杯，然后再回推多少人力对于这样的产出量是适合的。

从竞争店做分析

人力结构估算前，先找 1 家同业态的竞争店做分析，借助他们的来客数、销售杯数，了解该店人力状况。找 1 天时间，自竞争店当日营业起，每小时卖 1 次，再通过每小时 POS 机呈现出来的数据推算销售杯数，整天下来便能约略算出该店的 1 天销量。

根据销售波动有不同人力配比

若该店 1 天可卖到 500 杯，则再去估算 1 天卖到 500 杯的人力结构，不过，不同销售时段数据不同，其会再对应出不同的营收波动，找出波幅变动再依此进行人力盘点（即正职与兼职人员的配比），并配合生意的低谷、高峰，为每个时段订出最有效率的人力需求，才不会造成人力重叠。例如低谷时段配置 1 名正职人员，热门时段则可以是 1 名正职人员，再加上 2 名兼职人员，以补充正职人员的不足。

人事费用切勿过高

人事费用通常是开销中最大一块，随政府劳动薪资、时薪费用不断调涨，目前中国台湾饮品店的正职薪资在 5875 ～ 7050 元，兼职时薪则约每小时 35 元，建议开一家饮品店的人事费用的安排切勿过高，不宜超过 20%。

资金结构

开设一家店有必须投入的资金费用，无论连锁加盟、独立店型，均必须要了解自己的资金结构，如此一来才会知道钱究竟花在哪，另外也利于后续损益评估时费用的摊提。

有效分配资金占比

资金包含店租、人事、设备、装潢、物料、水电等，另外还有预备金。饮品店有所谓的淡旺季（每年 4—10 月属旺季，11 月至次年 3 月为淡季），随进入市场期的不同，若进入期为淡季的话，那预备金就要准备多一些。

费用占比要拿捏好

开设饮品店，租金、人事、物料三者属重要的占比，在有稳定营收基础下，建议租金成本不要超过总营收的 15%、人工成本勿高于 20%，物料则不要超过 30%。若能有效控制这些占比，再扣除其他成本支出（如营销、损耗等），才不会影响营收的表现，反观没有控制好就容易出现成本失控进而造成严重亏损。

预备金准备

新开店家基本上都需要时间来培养客源，开业初期面临运营的困境是非常常见的，因此开店除了需要准备相关开店费用外，一定要准备好预备金（包含最基本的人事、租金、物料、其他杂支费用等，以及装潢费用）。

预备金至少准备半年

不少创业开店者都忽略预备金的准备，导致日后资金周转上出现调度困难。以开设一家店每月最基本必须支出的费用来计算：

租金费用 23500 元

人力费用 28200 元

物料费用 18800 元

开店一定会遇淡旺季，对营收应保守待之，对于预备金准备至要预抓 6 个月至 1 年，若每月保守营收为 47000 元，以预备金最低半年为例，至少就要准备 141000 元会比较保险。

损益评估

经营一家店不能光从生意好、人流多就断定有赚钱甚至赚很多，必须经由损益评估分析，营收扣除相关费用后仍有盈余，才能判定是否有赚或者赚多少。

一定要有基本的损益概念

开一家店一定要有基本的损益概念，如此一来才能知道开这家店究竟能不能赚钱。

简单版观念

"营业收入－营业成本＝营业毛利"，再扣除"营业费用"剩下的就是"营业利润"，从这样的公式可得出，当成本、费用愈高时，毛利自然就愈小。通常估算一家饮品店的营业收入，多以"营业收入＝来客数 × 客单价"公式来计算。

进阶版观念

进一步细究则以"营业收入＝来客数 × 客单价"做估算，其中"来客数＝过店数 × 入店率 × 成交率"而"客单价＝购买件数 × 件单价"，借助这几个公式便可估算出该店的收入，进而再去扣除开店所必须投入的成本与花费，便能得知究竟店开在哪是否能够赚钱。

勿忘变动成本

推算一家店的营业毛利时，除了必须投入的成本、费用外，另也建议要将变动成本（如不定时促销、维修损耗等）一并纳入考虑，这些都属于隐性侵蚀毛利的因子，计算时必须将这些潜藏因素纳入，把一些假象剔除才不会出现营收虚胖的现象。

物料仓管

饮品店店铺经营中原物料是重要的费用支出，建议经营者必须做好相关库存的管控，才不易形成资金、资源上的浪费。

寻求可靠厂商

原物料费用在饮品店的成本结构中占比不小，就加盟形式来说，相关原物料多半直接与总公司订购；至于独立店型，原物料的供应变得相当重要，目前市场上有许多专门的饮品店供货商，已进化到整店输出的服务，原物料、设备以外，另还提供展店、菜单设计等服务。

清楚了解物料来源

不管连锁品牌加盟还是独立店面，都要建立一套自己的原物料机制，主动了解物料产地、制成方式，是否送检验等，以掌控物料质量。2015年"英国蓝"的食品安全风暴，茶叶品牌形象大伤、加盟主也重伤。鉴于此，无论是投入加盟品牌或是独立经营，都要主动了解原物料的来源、检验是否符合法规要求等。

厂商的应变能力

除寻求具信用与评价好的厂商合作，在供货质量、价格制订、供应能力等方面也要一并考虑。品质稳定良好是必需的，价格合理而不任意涨调，再者供货要无虞，能否随时依店的销售状况调度原物料。

发展到一定规模才能进入客制化

独立品牌寻求原物料供货商时，多半在初期得随着原物料供货商、盘商们随季节、采购商的不同而一直去变化，除非等到品牌店数发展到一定规模，才能进入客制化或定期化的时期。

找出最适库存量

原物料的管理上，除宜拟订出一套制度外，亦可通过 POS 机后台分析，检视各商品销量与占比变化，进而得知原物料的使用情况，从中找到最适库存量，勿进货过少以免发生缺货，勿进货过多，积压资金同时也浪费仓储空间。

店铺选址

进入市场前，会进行地点选择，以及该区利弊条件的评估，因为这关乎能否成功发展。

留意人流特性与密度

地点与顾客群体具高度结合，即使店租再便宜、人再多，但不是品牌主要的消费客群，仍不具意义。选址时，建议要将"人流特性"与"人流密度"纳入考虑，前者必须符合锁定的目标客群，倘若不是那生意怎样也做不起来；后者则是指人口分布程度，密度高代表人口分布稠密，人口密度高才有助于销售。

交通便利且集客力要强

店所属的交通便利性也很重要，所属地的抵达动线是顺向还是逆向，好不好停车，只要符合便利性就有机会带动购买力。再者也要评估商圈其他的地利条件，像该区的集客力是否强，集客力一旦强才能有效扩大客源，因为通常买饮品不会是刻意前往购买，多半是"顺便买"，即中午吃完午餐回公司顺道就带一杯饮料，若所属商圈互补性强，那也能有效拉来客力。

设计规划

决定好店面后，紧接着就是店铺规划，有别于其他餐饮空间形式，饮品店的规划上除了制造令人印象深刻的视觉表现外，另也必须紧扣操作动线，让人员在使用上更为顺畅。

设计紧扣操作动线

饮品店空间的前中场为主要的"作业演出"地带，其设计会结合饮品制作流程来做共同思考，让所有的人事物都能发挥到极致化，才能凸显空间效益的最大化。

减少移动步数

工作台设计上，要能够让工作人员是以流程接力方式在运作，做完后以手传递交由下一方，而非一人从头做到尾，因为这样容易出现动线冲突，再者人员也不用一直移动行走加深疲劳。

设计要具备复制性

设计要能模块化

设计首间店时，宜制定出所谓的店面识别设计（Store Identity，SI）标准，以便于后续开店的空间规划依此规范执行，也降低设计风格调性走样的概率。

不要过度使用装潢费用

装潢时要节约装潢费用。一来该空间是承租的，相关装潢日后未必带得走；二来则是不利日后费用的调整。

装潢施工

店面设计完后，接着便是后续装潢工程的施工，无论是交由专业设计师、专业工程团队，或是自行寻求工程公司施工，相关法规都一定要加以留意。

决定装潢方式

装潢部分，就品牌加盟而言多半会由总公司做好相关的装潢规划。至于开设独立店，相关设计实施常见 3 种情况，一是委托专业设计师或工程团队统包规划，二是设计完后自己施工，三是自己设计与施工。

评估不同的风险

委托专业设计者的好处在于，当遇相关问题可随时请求协助、解决，风险性较小，但相对的费用就会比较高；设计完后再由自己进行施工，一者可寻求设计师配合的统包团队，二者可自行找熟悉的工程公司进行施工，这一点在设计之初建议要先沟通好；全程由自己操刀费用相对较低。不过，随政府的相关法规愈来愈多，且装潢工程的问题较为复杂，建议还是交由专业的设计公司来规划处理较为妥当，若想由自己处理，则必须对法规、施工细节有一定程度的了解较佳。

预留设计、施工期

建议在找到地点的同时也能先请设计师做初步的规划，好让设计师在有准备的情况下了解大致的设计方向；另外，也要记得要求对方画好完整的设计图、列出明确估价单，以及准确的工程进度表，最后一定要记得签订正式书面合同，以保障彼此的权益。

施工期勿过长

一般设计、施工均需要时间，设计规划期 1～2 个月的时间，装潢施工约 1 个月，过长、过短都不理想，原因无他，当店铺租下那一刻，租金已开始计算，所以在决定店面后，为了节省时间建议尽早进入规划与装潢阶段。

教育训练

人员不只提供销售服务，更代表着品牌与店家的形象，必须提供一套完整的教育训练课程，才不会让服务质量出现落差。

提供完整的训练课程

人员的教育训练上，应拟订出一套完整的员工训练课程，无论正职、兼职人员，甚至店长、干部等，都必须逐一熟悉相关标准作业程序（SOP），才不会让服务出现质与量的落差。

定期给予员工教育训练，如初阶、进阶等不同的课程培训，借此提升员工技术能力，也有效维持工作人员的水平。

定期给予训练

广告营销

为了促使消费者更频繁地到访，经营饮品店同样要重视所谓的广告营销，借助不同方式的宣传，带进更多的客源。

虚实整合通过网络发声

现今的营销模式已不同以往，过去靠着广告曝光，包括电视、广告牌、传单、杂志、报纸等运用，便能看到效益与回馈。而今随着网络时代的崛起以及消费者习惯的改变，过往营销手法已不再是万灵丹，须迎合时下需求才能有所突破。

制造排队效果

通过吸睛的设计吸引消费者眼球，这样吸引眼球的也许是产品、也许是某种设计，只要能让消费者停留驻足、甚至造成排队热潮，就达到宣传、扩散的意义。

善用网民力量

现今营销已进入营销4.0时代，年轻人、女性、网民是时下关键的受众对象，因此要记得善用网络社交媒体，借助设计或产品引发他们的好奇，进而拍照、分享上传，创造点击流量并在网络中产生热度。

创造消费者对品牌的追逐

懂得创造当地社群对品牌的追逐，即与所属商圈有密集的互动，像是通过跨界结合的营销活动，例如与邻近公司的福委会洽谈，成为该公司的特约厂商，所属员工可凭工作证取得购买折扣或优惠。

©2024 辽宁科学技术出版社。
著作权合同登记号：第 06-2020-96 号。

图书在版编目（CIP）数据

开家有人气的饮品店 / 漂亮家居编辑部著 . —— 沈阳：辽宁科学技术出版社，2024.1
ISBN 978-7-5591-2431-9

Ⅰ . ①开… Ⅱ . ①漂… Ⅲ . ①饮食业 – 商业经营 Ⅳ . ①F719.3

中国版本图书馆 CIP 数据核字 (2022) 第 022287 号

出版发行：辽宁科学技术出版社
　　　　　（地址：沈阳市和平区十一纬路 25 号　邮编：110003）
印　刷　者：辽宁新华印务有限公司
经　销　者：各地新华书店
幅面尺寸：170mm×220mm
印　　张：14
字　　数：280 千字
出版时间：2024 年 1 月第 1 版
印刷时间：2024 年 1 月第 1 次印刷
责任编辑：于　芳
封面设计：郭芷夷
版式设计：郭芷夷
责任校对：韩欣桐

书　　号：ISBN 978-7-5591-2431-9
定　　价：78.00 元

编辑电话：024-23280070
邮购热线：024-23284502
E-mail:editorariel@163.com
http://www.lnkj.com.cn